Johann Caspar Lavater, David. bkp CU-BANC
Bu

rkli

Schweizerlieder

Johann Caspar Lavater, David. bkp CU-BANC
Bu
̈
rkli

Schweizerlieder

ISBN/EAN: 9783741158971

Hergestellt in Europa, USA, Kanada, Australien, Japan

Cover: Foto ©Angelika Wolter / pixelio.de

Manufactured and distributed by brebook publishing software (www.brebook.com)

Johann Caspar Lavater, David. bkp CU-BANC
Bu

rkli

Schweizerlieder

Schweizerlieder

von

Johann Caspar Lavater.

Neue, vollständige Auflage,

besonders für Schulen.

Zürich,
bey David Bürkli 1788.

Lied

der Helvetischen Gesellschaft
in Schinznach.

Heil! dreymal Heil! So jauchzen wir,
Wir, hundert Schweizer, Schinznach, dir,
Der freyen Freundschaft Stätte!
Wir bringen Schweizerherzen her,
Vom Stolze rein, vom Neide leer,
Und freu'n uns in die Wette!

Des Schweizerlandes Genius
Beglücke den Zusammenfluß
Helvetischer Gemüther!
Er führ' uns auf der Tugend Bahn,
Flamm' uns zur Freundschaft mächtig an,
Und sey der Eintracht Hüter!

Wer nicht von uns an diesem Tag
Aus voller Seele jauchzen mag,
Ist, Schinznach, deine Schande!
Die heilige, die kurze Zeit
Sey reiner Freundschaft nur geweiht,
Und nur dem Vaterlande!

Lied der Helvetischen Gesellschaft

Wir sind Ein Leib nur, nur ein Herz;
Wir theilen Freude, theilen Schmerz,
Und binden uns aufs neue!
Schlagt, Brüder! Schweizer! Hand in Hand,
Drückt Brust an Brust voll Vaterland,
Und Mund an Mund voll Treue!

Von welcher nie gefühlten Lust
Schwillt, Patrioten! unsre Brust,
So oft wir uns versammeln!
Wie sanft, wie rein, wie brüderlich
Ergiessen unsre Herzen sich!
Wir reden nicht, wir stammeln!

Aus unser aller Augen quillt
Die Freude, die das Herz erfüllt,
Es glühen aller Glieder.
Wie fliegt, voll freyer Seelenruh',
Ein Schweizer andern Schweizern zu,
Wie Brüdern treue Brüder!

Sey ewig heilig, stiller Saal!
Der in so ehrenvoller Zahl
Helvetier vereinet!
Du Saal, wo mancher grosse Geist
Der Freyheit Wollust frey genoßt,
Und Freudenthränen weynet.

In Schinznach.

Hebt Euer Aug; hebt Euer Ohr,
Ihr Väter! aus dem Staub empor!
Seyd Zeugen dieser Scene!
Steht auf! Steht auf und triumfirt,
Weil Eintracht uns zusammenführt,
Uns Brüder, Eure Söhne!

Hier singen wir im kühlen Wald,
Daß Aar' und Habsburg *) wiederhallt,
Von Euren Thaten, Väter!
„ Ein jeder von uns, (rufen wir)
„ Sey redlich, tapfer, frey wie Ihr,
„ Ein Schützer oder Retter!"

Dann sitzen wir an einer Reih',
Von Unmuth und von Sorgen frey,
Am grünen Rasen nieder,
Und singen, trutz der Ueppigkeit,
Voll Lust und voll Entschlossenheit,
Der schönen Einfalt Lieder!

Und Eintracht dir! dir, unser Glück!
Das, Brüder! sagt uns jeder Blick,
Das, das sind unsre Kronen!
Hier lerne Freude, Menschenfreund!
Hier sieh uns, zitternd, unser Feind!
Wo Treu und Eintracht wohnen.

*) Habsburg ist ein verwüstetes Schloß, unweit von Schinznach, das Stammhaus der Grafen von Habsburg.

Lied der Helvetischen Gesellschaft

Wir segnen jede schöne That:
„ Wer Schweizerblut in Adern hat,
„ Sey gleich den hohen Helden!
„ Dann soll der tapfre Enkel hier
„ Mit Freudenthränen, Held! von dir
„ Und deinen Thaten melden!"

Von Trägheit fern, und ewig frey
Von Kaltsinn, List und Schmeicheley
Sey unser hohe Orden!
Nie wollen wir uns wieder sehn;
Nie, Brüder! aus einander gehn;
Wenn wir nicht besser worden!

Wenn unter uns ein Bruder sitzt,
Der Recht und Freyheit nicht beschützt,
Und heimlich schleicht ins Krumme; —
So werde, falscher Patriot!
Vor uns dein schlaues Antlitz roth!
Dein Sklavenmund verstumme!

Wer Gott verehrt, und Menschen liebt,
Und ganz sein Herz dem Staate giebt,
Sich in der Einfalt übet;
Bekannt uns, oder unbekannt,
Der sey ein Bruder uns genannt,
Und brüderlich geliebet!

Steh,

in Schinznach.

Steh, Jüngling, still hier! rufe du
O Schinznach! spåten Enkeln zu,
Die fern vorübergehen:
„ Hier feyrt, mit ihrer Söhne Schaar,
„ Die Freyheit froh ihr Jubeljahr,
„ So lang die Alpen stehen."

Erstes Buch.
Historische Lieder.

I. Albrecht vor Zürich.

Kayser Albrecht hatte an Zürich verschiedene Foderungen gemacht, welche diese unbillig fand, und also abwies. Der Kayser entschloß sich hierauf, sie im Jahre 1298. zu belagern, zumal, da sie kürzlich viel Volk eingebüsset, und, seiner Meynung nach, sehr geschwächt seyn müßte. Er lagerte sich, dem zufolge, mit seinem Heere auf einer nahen Anhöhe vor Zürich. Die Stadt achtete es nicht einmal der Mühe werth, die Thore zu schliessen; dem Mangel an Mannschaft ersetzten die Weiber und Mädchens, welche in Helm und Panzer, so daß der Feind sie sehen konnte, durch die Gassen und Brücken der Stadt mit Freudengelärme zogen. Diese vermeynte Verstärkung an Mannschaft bewog den Kayser, die Belagerung aufzuheben.

Albrecht vor Zürich.

Voll Stolz, und nicht des Goldes satt,
   Sucht Albert unser Gut;
Umsonst! Er kömmt vor unsre Stadt,
   Und schnaubt nach Tod und Blut.

Er sah mit seinem Kriegerheer
   Uns von der Höh herab;
Wähnt', unser wären wenig mehr,
   Und theilt schon Haus und Haab'.

Uns war nicht bang im sichern Thal;
   Voll Muth sahn wir empor:
„ Komm nur! Wir schliessen nicht einmal,
   „ Albert, vor dir das Thor!"

Die Mutter eilte mit dem Kind,
   Das Mädchen wie der Knab,
Ins Zeughaus; jedes langt geschwind
   Schwert, Schild, und Helm herab.

Nicht war die Zürchermädchenhaut
   Dem Eisenhemd zu zart;
Die Trommel tönte gut so laut,
   Als unter einem Bart.

Im Panzer auf des Knaben Brust
   Besah das Mädchen sich,
Und lachte, voll von Heldenlust,
   Weil es dem Helden glich.

Albrecht vor Zürich.

Leicht schien ihm selbst das Panzerjoch,
 Dem Jüngling schwer genug.
Der Mutter half die Tochter noch,
 Die schon den Harnisch trug.

Itzt stellten sie sich, Paar und Paar,
 Geschlossen Arm an Arm;
Nun! Marsch! du Amazonenschaar!
 Marsch! Jüngling' ihr am Arm!

„Mit Gott und Zürich!" * rufen sie;
 Es tönt von Gaß' in Gaß':
„Erzittre Albert! flieh! o flieh
 „Vor Mädchen im Küraß!"

Stadt, See und Berg und Thal erscholl;
 Das Herz pocht schon dem Feind;
Er horcht, — und höret alles voll
 Soldaten, wie er meynt;

Schaut hin; — es glänzen Helm' und Schild'
 Und Panzer gegen ihn;
Sieht, daß es wahrlich Ernst nun gilt,
 Faßt Herz, und wagt's — zu fliehn.

Hört's Mütter, Schweizermädchen! hört's
 Im seidenen Gewand!
Habt ihr, wie eure Mütter, Herz?
 Und Blut für's Vaterland?

*) Das Loosungswort.

II. Wilhelm Tell.

Geßler, ein Oesterreichischer Landvogt im Unterland, ließ aus Uebermuth einen Hut auf einen Pfal setzen, und befahl, alle Unterthanen sollten, wenn sie bey dem Hut vorbey giengen, ihre Unterthänigkeit durch Entblößung ihres Hauptes an den Tag legen. Tell gieng beym Pfale voll Verachtung mit bedecktem Haupt vorbey, und ward dafür von Geßlern verurtheilt, seinem eignen Sohne einen Apfel vom Kopfe herunter zu schiessen. Der Schuß glückte ihm. Weil er aber noch einen zweyten Pfeil bey sich gesteckt hatte, ward er von Geßlern gefraget, in was Absicht dieses geschehen wäre? Tell wandte den üblichen Gebrauch der Bogenschütze vor; allein der Landvogt drang mit Fragen härter in ihn, und erhielt zur Antwort: dieser zweyte Pfeil wäre ihm, Landvogt, zugedacht gewesen, falls sein Kind unglücklich hätte seyn sollen. Der Landvogt ließ ihn hierauf binden, und ins Schiff werfen, um ihn nach Küßnach in ewige Gefangenschaft zu bringen. Mitten auf dem See entstand ein gewaltiger Sturm, setzte Schiff und Landvogt in die größte Gefahr, und nöthigte diesem den Befehl ab, Tellen loszubinden, und an das Steuer zu stellen. Diesesmal gehorchte Tell, und brachte das Schiff so nahe ans Land, daß er auf ein

Felsenstück springen, das Schiff aber wieder in die Wellen zurückfloßen konnte. Mittlerweile sich nun die andern wieder an's Land erbeiteten, lief Tell dem Landvogt seinen Weg vor, und als dieser endlich auch nachgekommen, erlegte er ihn mit seinem zweyten Pfeile, und gründete hierauf den Anfang zur Befreyung seines Vaterlandes.

„Nein! vor dem aufgestecken Hut,
 „Du Mörderangesicht!
„Bückt sich kein Mann voll Heldenmuth,
 „Bückt Wilhelm Tell sich nicht!"

„Knirsch immer du Tyrannenzahn!
 „Wer frey ist, bleibet frey;
„Und, wenn er sonst nichts haben kann,
 „Hat er doch Muth und Treu."

Der Landvogt, voll von Rache, schnaubt,
 Und ruft: „Tell! schieß dorthin,
„Dem Sohn den Apfel weg vom Haupt;
 „Sonst würg' ich dich, und ihn."

Tell hört's und flehte den Tyrann:
 „Hier bin ich, tödte mich!"
Umsonst! — Er sah den Knaben an,
 Und weinte bitterlich,

Drückt an die Brust ihn; — welch ein Schmerz!
Und lispelt ihm: „Steh still,
„Und weise, wie dein Vater, Herz!
„Ich tref' nicht dich! Steh still!"

Und führt ihn sanft an einen Baum,
Legt ihm den Apfel auf,
Und eilt den angewiesnen Raum
Zurück im bangen Lauf;

Nimmt eilends Pfeil und Bogen, — spannt,
Blickt scharf; — (fest steht der Knab —)
Er drückt mit kaumbewegter Hand —
Es knallt! — der Apfel ab!

Voll jugendlicher Munterkeit
Jauchzt ihm der Sohn, in Eil
Bringt er dem Vater — welche Freud'! —
Am Apfel seinen Pfeil.

So schlug ihm nie sein Vaterherz,
So pries er niemals Gott;
So quoll ihm Freude nie aus Schmerz,
Und Ehre nie aus Spott.

Doch, ach! kaum konnt' er der Gefahr
So heldenhaft entgehn.
Der Vogt, noch eines Pfeils gewahr,
Fragt drohend ihn: „Für wen?"

Tell

Wilhelm Tell.

Tell lächelt: „Das ist Schützenart."
Doch Geßler merkte Scherz;
Rief laut: „Für wen?" — „Er war gespart"
Rief Tell ihm: „für dein Herz!"

Der Vogt, von neuer Wut entflammt,
  Bindt schnell ihm Händ' und Füß',
Und schäumt, und stampfet und verdammt
  Den Tell zur Finsterniß;

Und wirft ihn höhnisch in den Kahn:
  „Dem Schlosse Küßnach zu!"
Sitzt zu ihm ein, und lacht ihn an:
  „Ist Wilhelm! hast du Ruh?"

Gebunden bleibt der Held ein Held,
  In Ketten Tell noch Tell;
Und Gott, dem Unschuld stets gefällt,
  Sieht ihn, und hilft ihm schnell.

Er winkt dem Sturm; der Sturm braußt her;
  Die Schiffer stehn erblaßt,
Und rufen: „Keine Rettung mehr,
  „Wenn Tell das Steu'r nicht faßt!

Der blasse Tod war allzunah;
  Gefahr und Angst zu groß;
Und todtbleich steht mein Landvogt da,
  Und knirscht: „So laßt ihn los!"

Des

Des Helden freygebundner Arm
    Arbeitet fort zum Strand;
Tell springt, und stößt, von Freyheit warm,
    Das Schiff zurück vom Land'.

Die Wellen rauschen fürchterlich
    In des Tyrannen Ohr.
Tell sieht zu Gott auf, stärket sich,
    Und läuft dem Vogte vor,

Der nach ihm kömmt, im Auge Zorn,
    Verwirrung im Gehirn.
Stolz trabt er hinter einem Dorn;
    Wuth runzelt seine Stirn.

Tell sieht ihn, still, und ungesehn,
    Den Bogen in der Hand,
Und hört des Vaterlandes Flehn,
    Denckt seinen Sohn, — und spannt,

Und zielt' und drückte dapfer los
    Den Pfeil in Geßlers Brust;
Sah Mörderblut, das niederfloß,
    Mit Patriotenlust; —

Wie er erblaßt vom Pferde sank,
    Dann hülflos lag — und todt!
Tell kniet vor Gott hin, voll von Danck,
    Und frey von aller Noth!

Die Freyheit seines Vaterlands
Steht auf mit diesem Fall;
Bald, bald verbreitet sich ihr Glanz,
Und strahlet überall.

III. Der Schweizerbund.

Nachdem, im Anfange des vierzehnten Jahrhunderts, nun seit geraumer Zeit ein beträchtlicher Theil Helvetiens von Oesterreichischen Vögten tyrannisiret, und mit unmenschlichen Erpressungen hart bedränget worden war, und alle dieser Grausamkeiten wegen gemachte Klagden von dem Landesherrn geringe geachtet, und vernachläßigt worden, trafen drey Männer zusammen, welche nach wechselseitigen Erzählungen und bittern Klagen über ihre Drangsalen den Entschluß wagten, sich von der Tyranney frey zu machen. Walther Fürst von Uri, Werner von Staufachen von Schweiz, und Arnold von Melchthal aus Unterwalden verbanden sich unter einander eidlich: „Jeder wollte unter
„ den Seinigen einige Bundsgenossen anwerben, um mit
„ zusammengesetzten Kräften die Tyrannen zu vertreiben,
„ und die erworbene Freyheit, auch mit Gefahr des Le-
„ bens, gemeinschaftlich zu beschützen; sich nie von dem
„ heiligen Römischen Reiche zu trennen; den Gottes-
bäu-

„häusern und Herrschaften die gebührenden Pflichten zu
„ leisten; ihren Entschluß geheim zu halten, und in kei-
„ nem der drey Länder nichts vorzunehmen, bis man zu
„ gelegener Zeit, auf einen Tag, den gemeinsamen An-
„ schlag von allen Seiten zugleich würde ausführen kön-
„ nen."

Jeder dieser drey Eidsgenossen war bey seinem, ohne-
dem gegen die gewaltthätigen Tyrannen aufgebrachten,
Volke so glücklich, daß die Anzahl der Bundsgenossen
gar bald gehörig verstärkt ward. Der Neujahrstag ward
zum Angriffe bestimmt. Die Nacht vorher ward einer
von einer Magd an einem Stricke heimlich auf das Schloß
Roßberg gebracht, welcher seinen Mitgesellen auf eben
die Weise nachhalf. Sie fielen, zwanzig an der Zahl,
über den unbewehrten Amtsmann, und seine Schloßknechte
her, nahmen sie und alles Hausgesinde gefangen, und
hielten sich bis an Morgen stille.

Mit anbrechendem Tage zogen andre funfzig auf das
Schloß Sarnen; dreyßig davon versteckten sich in dem
nahe gelegenen Walde; mittlerweile die andern zwanzig,
mit den üblichen Neujahrsgeschenken, ins Schloß giengen. Diese waren nicht so bald eingelassen, als sie die
Spieße aus der Tasche hervorlangten, und sie auf ihre
Wanderstäbe pflanzten. Sie gaben auch ihren Gefährten
das verabredete Zeichen; die in dem Schlosse sich befin-
dende kleine Besatzung ward entwafnet, und gefangen
weggeführt, doch an den Landesgränzen auf eidliche Ver-
sicherung, daß sie dieses Land nimmermehr betreten wollten, losgelassen. Dieses war der segensvolle Anfang
zum Schweizerbunde.

Der

Der Schweizerbund.

Sey ewig heilig Schweizerbund!
 Wir sind vom Joche frey!
Heil schwur uns tapfrer Väter Mund!
 Heil gab uns ihre Treu!

Tyrannen herrschten weit und breit
 In unserm Vaterland,
Das Herz voll Stolz und Grausamkeit,
 Und Mord in ihrer Hand.

Bald trutzten sie Recht mit Gewalt;
 Bald löschten sie die Glut
Der geilen Lüste, raubten bald
 Das schweißerrungne Gut.

„ Was? freye Menschen! tragen wir
„ Noch lang das Sklavenjoch?
„ Tyrannen, wißt! wir sind, wie ihr
„ So gut, o besser noch!"

So giengen drey, mit tiefem Weh,
 Nur sich bekannt, einher.
„ Wenn's auch das Leben kostete,
„ Das dulden wir nicht mehr!"

Gerecht, o Arnold, war dein Schmerz!
 Dein grauer Vater blind!
Ja zörn' und blute Sohnesherz! —
 Um deinetwillen — blind!

Der Schweizerbund.

Von Staufach dich vertreibt und höhnt
  Des Landvogts Uebermuth,
Der dir dein neues Haus mißgönnt,
  Gebaut aus eignem Gut!

Und, du nimmst willig, Walther Fürst,
  Dich der Bedrängten an!
Sie wissen, daß du helfen wirst,
  Wo man noch helfen kann.

Des Vaterlandes Jammer liegt
  Auf Eurer Schulter schwer!
Ihr sehet alles Recht besiegt,
  Und alles hoffnungsleer;

Hier tausend Hütten tief im Thal,
  Dort tausend auf der Höh; —
Bedrängte Menschen ohne Zahl,
  Die niemand tröstete!

Auch weint das künftige Geschlecht
  Laut in der Helden Ohr:
„Hebt, Väter! denn Gott hilft dem Recht,
„Zu Gott die Händ' empor!

Da schwuren sie den theuren Eid,
  Und schlugen Hand in Hand,
Zu retten von der Dienstbarkeit
  Das liebe Vaterland.

Der Schweizerbund.

Die stille felsigte Natur
　Sah sie auf ihrem Knie;
Im Himmel hörte Gott den Schwur,
　Und strömte Muth in sie.

Still drückte jeder seinem Freund
　Die Hand: — „ Sey Patriot!˝
Und jeder schwur, indem er weint,
　Der Tyranney den Tod.

Es kam die langerseufzte Nacht,
　Und sie umarmten sich;
Bestiegen, still und wohlbewacht,
　O Freyheit! kühn durch dich,

Die Felsenschlösser, Mann für Mann,
　Am sichern Morgen früh,
Und fielen die Tyrannen an,
　Und banden sclavisch sie.

Weg führten sie die Mörderschaar,
　Ohn einen Tropfen Bluts,
Bis an die Gränzen. Alles war
　Nun frey und guten Muths.

Sey ewig heilig Schweizerbund!
　Noch jetzo sind wir frey!
Das Heil, das treuer Väter Mund
　Uns schwur, bewahre Treu!

IV. Die Schlacht bey Morgarten.

Herzog Leopold zog im Jahre 1315. mit einer wolgerüsteten Macht von Fußvolk und Reuterey bey Morgarten gegen das Schweizergebiet. Ein ander Heer sollte zugleich in Unterwalden einfallen, und durch noch mehrere Mannschaft von Luzern her verstärkt werden. Die Schweizer sollten nun einmal Albrechts Tod büssen. Heinrich von Hunnenberg von Zug schoß auf der Schweizer Wache die Zeit und den Ort des Angriffes, auf einem Pfeile geschrieben, gen Art hinüber. Man setzte sich nach der erhaltenen Anweisung an der Höhe hinter Morgarten zur Vertheidigung, und schwur sich unter Fasten und Bethen, daß man siegen oder sterben wollte.

Am Abend vor dem Treffen ward fünfzig Männern, die Vergehungen wegen verbannet worden waren, von den Schweizern ihre Bitte, an der Spitze ihres kleinen Heeres sich die Vergebung erfechten zu dürfen, abgeschlagen. Sie blieben aber nichts desttoweniger bey ihrem Entschlusse, mitzuschlagen.

Am folgenden Morgen hatte Leopold an der Spitze seiner Reuterey kaum ein Stück Weges in einem engen Passe zurückgelegt, als die fünfzig Verworfene ungeheure, in dieser Absicht gesammelte, Stücke Holz und Felsen auf

Die Schlacht bey Morgarten.

auf die Feinde herunterstürzten, und einen dichten Hagel von kleinen Steinen fallen liessen, wodurch die Reuterey ganz in Unordnung gebracht, und das Fußvolk natürlicher Weise getrennet worden; denn der Platz war gar zu enge, und die Reuter konnten nicht Raum finden, sich wieder zu vereinigen. Bey so bewandten Sachen mußte nothwendig ein greuliches Gemetzel erfolgen, denn, da die Eidsgenossen für sich so grosse Vortheile sahn, machten sie, ehe der Feind sich wieder erhohlen konnte, einen hitzigen Angriff. Sie hieben sich mit ihren breiten Schwertern und langen Streitaxten durch den dichten Haufen einen blutigen Weg, da indessen die ungeheure Menge der Feinde für ihre Spiesse nicht Raum hatte. Morgens um Neun war die Sache schon entschieden; denn von den Oesterreichern floh itzt, wer nur fliehen konnte. Und die Eidsgenossen dankten Gott auf den Knieen für den erhaltenen Sieg.

So eben war berichtet, daß der Graf von Straßberg in Unterwalden eingefallen, und alles ausplünderte und verwüstete. Sogleich verliessen die Unterwaldner, von hundert Schweizern begleitet, das kleine Heldenheer und eilten dem ins Land eingefallenen Feinde zu. Sie waren nur eben angekommen, als sie schon den mindern Haufen, der von Luzern her gezogen war, schlugen. Der Graf vermuthete aus der Rückkehr der Fahnen, die bey Morgarten gestanden hatten, was dem Herzoge begegnet seyn müßte, und nahm eilends, nicht ohne grossen Verlust, die Flucht. So daß die Eidsgenossen an einem und demselben Tage ihre Freyheit durch einen gedoppelten Sieg versiegelten.

Die Schlacht bey Morgarten.

Mit zornerfülltem Auge droht
    Umsonst uns Leopold!
Komm! bringe Feuer, Schwert und Tod,
    Und glänze voller Gold!

Wiss'! Gold und Schwerter retten nicht,
    Und Stärke hilft nicht stets!
Gott, Gott ist unsre Zuversicht,
    — Der Hörer des Gebeths!

Tollkühn auf seine grosse Macht,
    Sah uns der Herzog ziehn,
Gleich einer kleinen Heerd' und lacht',
    Als säh' er schon uns fliehn.

Noch nicht! uns sagt ein treuer Pfeil,
    Wo unsre Feinde stehn;
Da giengen wir voll Muth, in Eil,
    Das grosse Heer zu sehn.

Wir, wenig über tausend nur,
    Ein Häufchen gegen sie;
Doch siegesvoll; denn jeder schwur
    Der Freyheit, auf dem Knie.

Die Schlacht bey Morgarten.

Umsonst, daß sich uns Hülf' anbot:
„Banditen! weg von hier!
„Mit Helden und mit uns ist Gott;
„Und mit ihm siegen wir!"

„Weg von dem rühmlichen Gefecht!
„Verworfner Haufe, weich!
„Nein! unser Urtheil war gerecht!
„Geht! kämpft und sterbt für euch!"

Doch lebte Schweizerheldenmuth
In ihrem Herzen noch!
„Fließ," sprachen sie, „fließ unser Blut"
„Für unsre Brüder doch!"

Und stiegen still den Berg hinan,
Und sammeln Holz und Stein,
Dem Feind, von Felsen eingethan,
Sie auf den Kopf zu streun.

Wir betheten aus einem Mund
Die ganze Nacht zu Gott:
„Mach deines Armes Stärke kund,
„Und schlag ihn bald zu Spott!

Der grosse Morgen brach hervor,
In Nebel eingehüllt;
Ganz Auge waren wir und Ohr,
Und ganz mit Muth erfüllt.

Kein

Kein Panzer, und kein Schild beschützt
  Der Alpensöhne Brust!
Wenn Freyheit Blut und Arm erhitzt,
  Deckt Heldenmuth die Brust!

Uns schreckt kein Federbüschespiel;
  Kein Helm von hellem Stahl;
Und wären Roß' und Mann so viel,
  Als Vieh' auf Berg' und Thal.

Blitzt, Eisenpanzer, noch so sehr!
  Blink, Schwert dem Auge nah!
Steh, Schild an Schild, du Reuterheer
  Wie Felsenmauern da!

Doch, Ritter theile Schweizerbeut'
  Eh' du gestritten, nicht!
Sieh manche Heldenhand, die heut
  Dir Helm und Harnisch zerbricht.

Die funfzig, die von Eifer glühn,
  Sehn unsern Feind im Stolz,
Und wälzen Felsen hin auf ihn,
  Und ausgewurzelt Holz.

O welche Flüche! welch Gedräng!
  Wie strodelte sein Blut!
Staub ist sein glänzendes Gepräng,
  Verzweifelung sein Muth.

                              Die

Die Schlacht bey Morgarten.

Die Rosse wiehern, stampfen; — flieht!
    Ein neuer Hagel tetscht;
Der Ritter flucht und knirscht, und sieht
    Bergauf, und liegt zerquetscht.

Nun auch nicht faul der Schweizer mehr;
    Der stürzte nicht zum Spaß
Schnell, wie ein Wetter, in das Heer
    Des Feinds im engen Paß;

Macht Pfade sich, und haut und schlägt
    Schwert, Helm und Schild entzwey,
Haut tief in Panzer ein und legt
    Gestreckt die Reuterey;

Dringt durch und kämpft und wird nicht müd,
    Zerstampfet Roß und Mann;
Bis alles liegt, bis alles flieht,
    Was fliehn und liegen kann.

Wir giengen, ha! das Herze schwillt,
    Auf Panzern hoch einher;
Zerschmettert lagen Schild' auf Schild,
    Zerbrochen Speer auf Speer!

Und unser fielen nur fünfzehn,
    Hör's Nachwelt! hör's und lern:
Gott eilt der Freyheit beyzustehn,
    Ist nie vom Helden fern!

Fallt nieder! Schweizer! bethet an!
 Wir siegten! Gott sey Dank!
Der Gott, der immer helfen kann,
 Der half uns: singt ihm Dank!

✤✤✤✤✤✤✤✤✤✤✤✤✤✤✤✤✤✤✤✤✤✤✤

V. Der zweyte Sieg an demselben Tag.

So sangen wir im Siegesfeld,
 Des Morgens schon um Neun!
So mancher Mann, so mancher Held,
 Gleich groß, und keiner klein!

Dank dir! verworfne Schweizerschaar!
 Sey wieder unser! sey
Gleich treu und tapfer immerdar,
 Und immer wieder frey!

Vielleicht fällt ein verborgnes Heer
 Von Feinden heut uns an!
Noch raucht das blutige Gewehr,
 Das zweymal siegen kann.

Der Streifer Straßberg, hörten wir,
 Fiel ein in Unterwald:
» Weg, Heldenbrüder, weg von hier,
» Und seht und sieget bald!"

Wir

Der zweyte Sieg an demselben Tag.

Wir setzten uns zu Schiff geschwind,
   Und alle ruderten;
Und eilten schneller als der Wind
   Den zweyten Feind zu sehn.

Ha! Brüder! seht! schon ist'er da!
   Wir schlugen; — und er lag!
Wir schlugen ihn, Victoria!
   Zweymal in einem Tag!

VI. Die großmüthigen Belagerten.

Im Jahre 1318. unternahm Herzog Leopold die Belagerung von Solothurn. Bern schickte den verbündeten Nachbarn vierhundert Mann zu Hülfe. Eine plötzliche Aufschwellung der Aare riß die besetzte feindliche Brücke weg. Die Belagerten erblickten den Jammer von ferne; vergaßen, daß es ihre Feinde waren, die in Gefahr stühnden, zu Grunde zu gehen, eilten alsbald zur Stadt hinaus, reichten ihnen ihre umgekehrte Spieße und Stäbe dar, zogen einen nach dem andern aus der Flut heraus, truckneten und verpflegten sie; und die Belagerung ward aufgehoben.

Die großmüthigen Belagerten.

Schön, schön ist Heldenbapferkeit,
　　Ihr Ruhm fliegt Himmelhoch!
Doch unbesiegte Menschlichkeit
　　Unendlich höher noch!

O goldne Zeit, wo Treue groß,
　　Noch grösser Großmuth war;
Wo Heldenblut für Brüder floß,
　　Und Mensch der Feind auch war!

O schöne That! zu graben werth
　　In Marmor und auf Erz!
Wer fühllos sie erzählen hört,
　　Hat der ein Menschenherz?

Noch nicht der Niederlagen satt
　　Kam Herzog Leopold
Vor Solothurn, und schloß die Stadt,
　　Dem König Ludwig hold.

Vierhundert Helden sandt' ihr bald
　　Die treue Schwester Bern.
Groß war die feindliche Gewalt,
　　Der Bluttag nicht mehr fern.

Schon

Die großmüthigen Belagerten.

Schon zehen lange Wochen lag
  Das Heer da! Welche Noth!
Wie manche Nacht! Wie mancher Tag!
  Für Krieger ohne Brod!

Urplötzlich schwoll und riß die Aar'
  Des Feindes Brücke weg,
Und schwemmte, was ihr nahe war,
  Roß, Mann und Wagen weg.

Vom Thurme konnten fern die Noth
  Die Langbedrängten sehn;
„ Kommt, rettet, riefen sie, vom Tod
  „ Die Feinde! das ist schön!"

Und eilten schnell vom Thurm herab,
  Zum Thor hinaus, voll Muth,
Und reichten liebreich Speer und Stab
  Den Feinden in der Flut;

Und liefen tapfer in den Strom,
  Mit warmer Heldenlust;
Und watteten im tiefen Strom
  Bis an die hohe Brust;

Und boten, felsenfest den Fuß,
  Den Schwimmenden die Hand,
Und trugen hoch durch wilden Fluß
  Die Leichnam' hin ans Land.

Und

Die Schlacht bey Laupen.

Die Schlacht fieng sich erst um Vesperzeit an. Den Waldstätten ward auf ihr Verlangen die feindliche Reuterey Preis gegeben. Die Berner wurden mit ihren Angehörigen gegen die Freyburger gestellt. Sie hatten auf des Feldherrn Befehl Steine gesammelt, welche sie nun mit gräßlichem Feldgeschrey auf die Feinde zuschmissen. Die Berner wagten itzt von der kleinen Anhöhe, dahin sie sich, um den Grund besser behaupten zu können, gezogen hatten, einen Anlauf auf die Feinde, und es glückte ihnen, ihre Linie zu brechen. Man hieb sich einen blutigen Weg durch den dichtesten Haufen, eroberte die Fahnen, und zwang den Feind zur Flucht. Inzwischen hatten die Waldstädte mit den Reutern noch immer eine harte Arbeit, bis sie ihre sieghaften Berner riefen, die ihnen nachdrücklich in die Seite fielen, und dem Gefechte abermals den Ausschlag gaben. Sie zogen mit reicher Beute gen Laupen, und brachten ihren Freunden die gute Neuheit, und führten sie im Triumphe nach Bern.

✻ ✻ ✻ ✻ ✻ ✻

„So muß es seyn; auf, auf zum Streit!
„Der Sieg ist uns nicht schwer!"
So strömt von Erlach Dapferkeit
Und Siegslust um sich her.

„Schon hab' ich in der sechsten Schlacht
„Mit dieser Faust gekriegt,
„Wo stets von kleiner grosse Macht
„Geschreckt ward und besiegt."

Vier‑

Die Schlacht bey Laupen.

Viertausend Berner sahn im Feld
    Dreymal zehntausend stehn,
Viel Helm' und Panzer, Roß und Held,
    Ja hier läßt Muth sich sehn!

Mit furchtbardrohendem Gewehr,
    In streitgeübter Hand
Stieß noch zu Bern ein Heldenheer,
    Durch Macht und Muth bekannt.

Neunhundert Schweizer alter Art,
    Mit breitgewölbter Brust,
Und Felsenstirn', und grauem Bart,
    Und sich des Siegs bewußt;

Die lachten, eigner Siege voll;
    Der schrecklichsten Gefahr;
„ Wir wissen, wie man schlagen soll;
    Laßt uns die Reuterschaar!"

Leicht fällen wir mit einem Schlag
    Den Reuter und das Pferd!
Zehntausend schlägt in einem Tag
    Ein langes Schweizerschwert.

Umsonst rief mancher Berner: „ Nein!
    „ Uns, uns die Reisigen!
„ Am schwersten Ort ein Held zu seyn
    „ Für's Vaterland, ist schön!"

Sie schreckte kein hochbäumend Roß,
 Und keine Panzerburg:
„Wir kommen alle, klein und groß
 Mit Morgensternen durch!"

„Nur, Brüder, wenn ihr fertig seyd,
 „So kommt mit Siegsgeschrey,
„Und helft, und schlagt im heissen Streit
 „Mit uns die Reuterey.

Mit unbewegtem Heldenhaupt,
 Dem stolzen Feinde nah,
Mit Rebenblättern hoch umlaubt,
 Stand Mann und Jüngling da.

Verachtend sieht der Feind sie an,
 Und giebt für Frieden Hohn,
Mit Stolz und Panzer angethan,
 Träumt er Triumphe schon.

Erst murmelt um die Vesperzeit
 Die Trommel zu der Schlacht:
Hervor, rief Erlach, tapfer! heut!
 Verewigt diese Nacht!

Hervor mit Axt und breitem Schwert,
 Und schlagt den Feind mit Gott!
Knie't nieder! Gott im Himmel hört
 Eu'r Flehn und seinen Spott!

Steht

Die Schlacht bey Laupen.

Steht Mauern, stehet, Felsen gleich,
   Um unser Panner her!
Kämpft immer muthig! Streich auf Streich!
   Das, Helden, das bringt Ehr!

Und Männer rissen sich hervor,
   Die Augen voller Glut;
Und plötzlich flammte hoch empor
   In jedem neuer Muth.

Sie stampften; und die wilde Hand
   Warf dreymal Kieselstein'
Ins Feld, wo Roß an Rosse stand,
   Mit Siegsgeschrey hinein.

Sie liefen! — Wagen rollten mit
   Laut, wie ein Wasserfall,
Und Heldenschaaren strömten mit
   Herab vom hohen Wall.

Von Erlach drang, im Auge Sieg,
   Das Panner hinter ihm,
Tief in das Wetter von dem Krieg,
   Wie Wetter ungestüm.

Von Freyheit und von Vaterland
   Glüht Stirne, Wang' und Blick!
Und Fahn' um Fahne warf die Hand
   Des Helden hoch zurück.

Und schlug, und wer sie schlagen sah,
  Schlug dapfer, wie sie schlug.
Zehntausend Leichen lagen da!
  Zehntausend! — noch nicht gnug!

Noch kämpfte mit der Reuterey
  Der Schweizer Keul' und Schwert;
Held, Sieger — Erlach eilt herbey
  Und stürzt in Mann und Pferd.

Schlägt Mann und Pferd; ihm fehlte nie
  Ein Schlag; schnell floh das Heer.
Wie Gras an Sensen sanken sie,
  Und schon war keiner mehr.

Nun Leich auf Leich', und Röcheln nur,
  Und Tod und Todesschmerz!
Erzittre, blutige Natur!
  Und weine Menschenherz!

Es weint, und fühlt im Sieger sich.
  Der wirft die Waffen ab,
Und waschet dem Feinde brüderlich
  Das Blut der Wunden ab,

Und ruht nicht, trinkt und labt sich nicht,
  Schafft Oehl und Wein herbey,
Verbindt ihm Arm und Angesicht,
  Ob noch zu helfen sey;

Haucht

Die Schlacht bey Laupen.

Haucht Röchelnden das Leben ein,
  Und trägt sie in sein Zelt;
Nein! Unmensch kann der Held nicht seyn;
  Sonst ist er nicht mehr Held.

Der stille Mond am Himmel sah
  Dem warmen Eifer zu,
Und lächelt' jedem, den er sah,
  Ins Herz erhabne Ruh!

Geseegnet sey, o Heldenschaar,
  Dein Herz und deine Schlacht!
So blutig und so menschlich war
  Auf Erden keine Nacht.

Nun all' aufs Knie, und dankten laut
  Gott, auf dem Angesicht:
„Heil dem, der fest auf Gott vertraut;
„Denn Gott verläßt ihn nicht!

„Hör's Laupen, hör's, Gott half uns heut!
„Wünscht Brüder Brüdern Glück!
„Und führ den Vater, Sohn! befreyt
„Mit uns nach Bern zurück!"

Triumph! wer Herz im Leibe hat,
  Dem hüpf' es jubelvoll!
Triumph! Triumph! — und Dorf und Stadt
  Und jedes Haus erscholl!

Man

Man hört die Trommel; — hochvergnügt
 Eilt alles weg und schaut;
Dem Vater und dem Sohne fliegt
 Entgegen Weib und Braut!

Und Thränen fliessen Bächen gleich,
 Und alles ist Gesang;
Auch Felsenherzen werden weich,
 Und rufen: Gott sey Dank!

Und Dank der Schweizer Arm und Treu!
 Und hoher Tapferkeit!
Dank Erlach dir! unsterblich sey
 Held deine Heldenheit!

VIII. Die Schlacht bey Sempach.

Den neunten des Heumonats im Jahre 1386. stand Herzog Leopold mit dem Kerne seines Heeres bey Sempach gegen die Waldstädte, und nahm sich vor, diese kleine Stadt zu bestürmen. Die Eidsgenossen rückten, um die Bedrängten zu entsetzen, von der Seite aus einem Wald gegen die Oesterreicher an, welche ihre geringe Anzahl, (denn sie waren nicht viel über dreyzehnhundert stark), verachteten. Die Eidsgenossen waren zwar nur leicht bewafnet, aber stark von Gliedmassen, und wußten

ihre

Die Schlacht bey Sempach.

ihre Waffen geschickt zu gebrauchen und sich in vortheilhafte Verfassung zu setzen. Dieses war einigen von den Oesterreichischen Feldherren nicht unbekannt, und diese riethen dem Herzoge, die Schlacht bis zur Ankunft des übrigen Fußvolks aufzuschieben; allein ein junger Herr von Ochsenstein verhieß dem Herzoge, er wollte ihm die Feinde, dieses Lumpengesindel, noch vor Abend geschlißt einliefern. Demnach entschloß man sich zu schlagen. Die Oesterreicher stellten sich in einem gevierten Haufen, und hielten ihre Spiesse so dichte zusammen, daß der Feind unmöglich in ihre Ordnung sollte einbrechen können. Die Eidsgenossen rückten in gespitzter Schlachtordnung gegen sie an, und versuchten es lange vergeblich, die feindlichen vordersten Glieder zu trennen: bis ihnen Anton von Port den Rath gab, mit aller Stärke auf die feindlichen Spiesse zu schlagen, weil diese den gewaltsamen Streich nicht aushalten würden. Zu gleicher Zeit umfaßte der Held Winkelried so viele feindliche Spiesse, als er konnte, und schaffte dadurch den Seinigen Mittel, durch die Feinde einzudringen. Auf dieses folgte nach einem greulichen Gemetzel die gänzliche Niederlage der Feinde.

* * * *

Helvetier! singt von der Schlacht,
 Und von dem hohen Sieg,
Die uns auf ewig frey gemacht
 Von Leopoldens Krieg!

Die Schlacht bey Sempach.

Nach Sempach trabt sein Heer einher,
　　Und übte Bubenstück':
„ Ha, rief es, Schweizerbauern, her!
„ Seht, jedem seinen Strick!"

In' grosser Pracht und Herrlichkeit
　　Stand Fürst und Ritter da,
Und jedes Edelmännchen dräut',
　　Und jedes ruft: ha! ha!

In ihrem stolzen Auge sitzt
　　Verachtung, glühet Wut;
Ihr viermal grösser Heer, erhitzt,
　　Trinkt, träumend, unser Blut.

Noch hielten wir im nahen Wald,
　　Und betheten zu Gott:
Still Sempach! denn wir kommen bald,
　　Zu rächen deine Noth.

Schau nur die Keul' am Heldenarm,
　　Die schwere Hellepart!
Die Panzer, sind sie und zu warm,
　　Sind nicht für uns zu hart.

Uns sahn die Feinde vor sich stehn,
　　Streitlust in dapfrer Hand,
Wie fliegend auf sie loszugehn,
　　Das Herz im Leib uns brannt'.

Die Schlacht bey Sempach.

Im eiteln Stolze lachten sie
  Des kleinen Haufens doch:
„Wir hängen, Herzog! ohne Müh
„ Vor Abend alle noch!

„ Herab, ihr Reuter, von dem Pferd!
  „ Und kürzt den Adelschuh!
„ Die Spiesse fest! Mit scharfem Schwert
„ Haut auf die Schwachen zu!"

Es funkeln Speer an Speere, dicht,
  Wie Gras auf grüner Au;
So strahlt beym Morgensonnenlicht
  Auf tausend Halmen Thau.

Festaneinander stehen' sie
  Die tiefen Panzerreih'n;
Stehn Arm an Arm, und Knie an Knie,
  Als wär's ein Mann allein.

Da fielen wir aufs Angesicht,
  Wir alle wie ein Mann,
„ Verlaß uns Gott der Freyheit, nicht,
„ Der Schwache stärken kann!"

Und rückten dann mit frohem Muth
  Sie an, und kämpften lang;
Schon mancher Held versank im Blut;
  Doch waren wir nicht bang.

Die Schlacht bey Sempach.

Wir thaten was ein Held uns rieth,
   Zu spalten Feindesspeer';
Sie splitterten; doch Winkelried!
   Du thatest noch viel mehr;

Sahst in der Flamme des Gefechts
   Die Thränen in der Stadt,
Die Thränen künftigen Geschlechts,
   Das laut um Freyheit bat:

„ So bald ihr, Brüder! Oefnung seht!
   „ Stürzt in sie ritterlich!"
So sprach der grosse Held und geht
   Drey Heldenschritt' vor sich.

„ Nimm Freyheit du! nimm Vaterland!
   „ Mein Blut; — Ja Blut, zerfliess!"
Sieht Himmel, dich! langt aus, umspannt
   Viel mörderische Spieß.

Und Blut sprizt; er drückt niederwärts, —
   Blaß kniet der Patriot, —
Stirbt heldenmäßig ohne Schmerz
   Den schmerzenvollsten Tod.

Und, wie ein Waldstrom stürzen wir,
   Vom Heldentod beseelt,
Herein, Soldat und Officir,
   Zu sterben, wie der Held.

Die Schlacht bey Sempach.

Und schlugen tief, mit festem Blick,
   In Panzer voller Glanz;
Itzt vorwärts, seitwärts, itzt zurück
   Mit Keul' und Schwert und Lanz',

Und bringen tiefer; jeder Streich
   Traf; Reih' an Reihe sank;
Wir spalten Haupt und Helm zugleich,
   Daß Schlag auf Schlag erklang.

Zerdrückt von schwerer Panzerlast,
   Heiß von der Sonne Glut,
Lag mancher Ritter schon erblaßt
   Und schmachtend tief im Blut.

Doch Leopold stritt wie ein Held,
   Voll kühner Siegessucht,
Und stirbt den Heldentod im Feld,
   Trutz angebothner Flucht.

Nun, wir allein im Feld der Schlacht,
   Und um uns grosse Beut'!
O jauchze Sempach! Gottes Macht
   Hat dich und uns befreyt!

Victoria! die Wagen her!
   Die Wagen voller Strick!
Häuft Helme, Panzer und Gewehr!
   Geht im Triumph zurück!

Singt

44 Die Schlacht bey Sempach.

Singt feurig, wie ihr schlugt, erzählt
Die That im Siegeslied!
Singt: Wo, wo ist ein solcher Held
Wie Arnold Winkelried?

IX. Die Schlacht bey Näffels.

Unter andern hübschen Foderungen, die die Oesterreicher im Jahre 1388. an die Glarner thaten, war auch diese: „Sie sollten sich als Leibeigne an das Haus Oesterreich „ergeben, und ihren Bund mit den Eidsgenossen aufge„ben." So schwach auch die Landsgemeine war, so beschloß sie dennoch einmüthig, sie wollten sich dergleichen Foderungen nie unterwerfen; ob sie schon wußten, daß ihre Feinde bis achttausend stark, und bis zur Wut gebracht wären.

Die Glarner hatten zwar bey Näffels von dem Fuße des Bergs bis an das Ufer der Linth eine Landwehre angeleget; ihnen fehlte es aber an genugsamer Mannschaft, diese Schanze zu vertheidigen. Sie hatten freylich schon Boten an die Waldstädte abgesandt, aber ohne alle Hofnung, die nöthige Beyhülfe zu rechter Zeit zu erhalten. Unterdessen ward Mathis von Büelen, dem Hauptmanne der Glarner, der itzt die Landwehre bewahrte, angezeigt, daß der Feind anrücke; sogleich ließ er die gewohnten Sturmzeichen geben, um sich

durch

Die Schlacht bey Näffels.

durch die nächstherum wohnende Mannschaft, so gut als möglich, zu verstärken, und brachte damit seine ganze Macht auf dreyhundert und fünfzig, eine allzukleine Anzahl, die vom Feinde geschlagen und zerstreuet ward.

Der geschlagene von Bülen zog sich mit einem kleinen Rest seines Volkes, um von den Feinden nicht umringt zu werden, an den Berg zurück; hier ließ er das Panner aufstellen, damit die Flüchtigen sich sammeln mögten. Diese kehrten um, und schlugen sich, um zu ihrem Panner zugelangen, zu zwanzig und dreyßig durch die Feinde durch. Hierauf stellten sich auch die Oesterreicher wieder in Schlachtordnung, ihre Reuterey an der Spitze, welche zu eilf verschiednen malen einzudringen versuchte, von dem kleinen Haufen aber jedesmal zurückgeschlagen ward. Man scharmüzelte wohl fünf Stunden lang, bis endlich vom unabläßigen Steinhagel die Pferde in Wut und Schrecken geriethen, und das Fußvolk, welches ihnen nicht ausweichen konnte, auch in Unordnung brachten. Während dem Streite zogen den Glarnern nach und nach einige Gehülfen zu, unter andern dreyßig Schwelzer, die der Feind als einen Vortrab von grössern Haufen ansah, und dieses bewog ihn, zurückzuziehen, und den Glarnern den Sieg zu überlassen.

✦✦✦✦✦✦✦✦✦✦✦✦✦✦✦

„Nein! Leib und Gut verschenken wir,
„Wir Freye, — Fürsten nicht!
„Eh streiten und eh sterben wir!
„Zu sterben ist izt Pflicht!"

E 5

So sprach in ihrer Berge Schooß
  Der Glarner Landsgemeind';
Aus einem Mund, der überfloß,
  Verachtet sie den Feind,

Der sich zu tausenden aufmacht',
  Und schon bereitet steht,
Zu siegen in der nahen Schlacht,
  Zu rauben, wo er geht.

Die Glocke stürmt; sie rücken an.
  Und fern von Furcht und Ruh',
Eilt alles dapfer, Mann für Mann,
  Dem Glarnerhäufchen zu.

Doch, ihrem Feinde viel zu klein,
  Kämpft' ohne Sieg ihr Muth;
Oft stritt mit zehn ein Mann allein,
  Und starb zulezt im Blut.

Von Bülen hob das Panner hoch,
  Blieb auf der Höhe stehn:
„ Zurück, „ rief er „ ihr Helden! Noch
  „ Ists nicht um uns geschehn!"

Und seine Brüder schlugen sich
  Durch Feindesheer zurück.
Wol dem, der schnell zur Seite wich!
  Denn Rache war ihr Blick.

Die Schlacht bey Näffels.

Der Feind, der sie versammelt sah,
　Verläßt den kleinen Raub,
Und lacht des Kriegeshäufchens: „Ha!
„Das schlagen wir zu Staub!"

Und kömmt, — das Reuterheer voran,
　In stolzem Siegestrab,
Ist da, — und greift — nur eilfmal an,
Und weicht — nur eilfmal ab.

Wild wird des Feindes Roß im Lauf;
　Und schnaubt, und stampft, und bäumt
Sich vorwärts, und schlägt hinten auf,
　Und wiehert laut und schäumt.

Gequetscht von manchem scharfen Stein,
　Und müde seiner Last,
Rennt es zurück ins Heer hinein,
Und alles flieht erblaßt.

Hoch stieg der Glarner Muth empor,
　Und Hülf' eilt hinterher:
„Rächt jeden, der sein Blut verlor!"
Rief jeder, „schont nicht mehr!"

Da stürzen sie wie Felsenstück'
　In sie vom Berg herab,
Und schlugen jeden Augenblick
Zu Fünfzigen ins Grab.

Und

Die Schlacht bey Näffels.

Und alles sank und floh und schrie,
   Floh athemlos und schwach,
Und im Gedräng brach Knie an Knie,
   Die Wesenbrücke brach;

Herein platzt Mann an Mann, aufschwoll
   Der kriegervolle Strom;
Die Sieger kamen: — Leichenvoll
   Und blutroth war der Strom.

Sie betheten mit blut'ger Hand
   Gott auf den Knieen an:
„ Er half uns! dank ihm Vaterland!
   „ Ihm! Er hat das gethan!"

„ Er schlug des stolzen Feindes Heer,
   Mit kleiner grosse Kraft!
„ Nun sind wir frey! kein Feind ist mehr!
   „ Dank ihm Nachkommenschaft!

X. Die Schlacht bey St. Jacob zu Basel.

Frankreichs Delphin zog im Jahre 1444 mit einer zahlreichen Macht wolgeübter Völker gegen das Elsaß und die Stadt Basel an. Sechszehnhundert Eidgenossen zogen den Baslern zu Hülfe, wurden aber von den Feinden theils geschlagen, theils genöthiget, sich gegen Basel zurückzuziehen. Die Basler durften ihnen, aus Furcht, von der Stadt abgeschnitten zu werden, nicht zueilen, sondern sahen sich genöthiget, die Mauern des Kirchhofes bey St. Jacob zu ihrer Brustwehre zu machen, wo sie sich allen feindlichen Angriffen heldenmüthig widersetzten, ihr Leben theuer verkauften, und ihrem Feinde das Geständniß abnöthigten, daß er unmöglich Stärke genug haben könnte, zween dergleichen Siege auszustehen.

✻ ✻ ✻ ✻ ✻ ✻

Der Schweizer höchste Dapferkeit,
 Die keinem Schmerz entflieht,
Besiegt noch kämpft, den Tod nicht scheut; —
 Verdiente die kein Lied?

Die Schlacht bey St. Jacob

Ja ströme mächtig und ertön
 Lied, das unsterblich macht!
Sie trutzten gleich den Alpenhöhn
 Dem Donner in der Schlacht.

Sie sahn den Feind, und schlugen ihn
 Zurück mit kleiner Zahl;
Sie sehn ihn wieder, schlagen kühn
 Ihn schnell zum zweytenmal.

Verwegen wird durch frühen Sieg
 Der Krieger Heldenhand;
Sie stürzten sich in tiefern Krieg,
 Zu voll von Vaterland.

Umsonst Kanonendonner! brühl'
 Und ströme Tod auf Tod! —
Sie bringen ein. Tod ist ihr Spiel,
 Und Feinde Morgenbrod.

Zwar stößt das zehnmal größre Heer
 Franzosen sie zurück!
Doch zehnfach tödtet ihr Gewehr,
 Mit jedem Augenblick!

Bey Jacobs Mauern hörten sie
 Der Kriegesrosse Trab:
„Eh' unser auch nur Einer flieh',
 „Eh find' er hier sein Grab!"

zu Basel.

Und schnaubend stieg der Feind vom Pferd,
  Stürzt ein: sie stehen still.
Triff Pfeil auf Pfeil! hau Schwert an Schwert!
  Umsonst! sie stehen still.

Die Löwen stritten; jeder stand,
  Wich keines Haares breit;
Die schon zerstückte Schweizerhand
  War tapfer noch im Streit.

Sink immer Glied um Glied zersetzt,
  Sie kämpfen tief im Blut.
Wer Freyheit mehr als Leben schätzt,
  Behält im Tode Muth.

Noch schlug der Feinde starke Zahl,
  Schlug, traf und siegte nicht,
Rief: „Blitzt Kanonen noch einmal
  „Tod in ihr Angesicht!"

Die Kräfte sanken, nicht ihr Muth;
  Nein! keiner sah zurück;
Sie rafften sich noch auf vom Blut;
  Tod war ihr letzter Blick.

Er sang nicht oft: „wir baden heut,
  „In Rosen baden wir!"
Denn todblaß rief die Tapferkeit
  Dem Mönchen: „bad auch hier!"

52 Die Schlacht bey St. Jacob zu Basel.

Wenn Heldenmuth im heissen Krieg
　Nicht immer siegen mag;
Er ist doch schön: dem schönsten Sieg
　Gleich diese Niederlag'.

Erstaunt und blaß sah der Delphin
　Sein bestes Volk im Grab;
Sein Sieg erfüllt mit Grauen ihn; —
　Er zittert — und zieht ab.

Der
Burgunderkrieg
in den Jahren 1476 und 1477.

XI.
I. Die Schlacht bey Granson.

Im Jahre 1476. schlug Herzog Carl von Burgund sein stolzes Lager bey Granson auf. Er hatte seinen Soldaten verheissen: „Sie sollten alle diese deutschen „Hunde auffressen, und ihre Habseligkeiten als Beute „unter sich vertheilen."

Die Schweizer waren achtzehntausend Mann stark, und sollten auf Carls Befehl sogleich von der Reuterey
zu

Die Schlacht bey Granson.

zu Boden geworfen werden. Sie stellten aber ihre Spiesse den Feinden in einem Kreise entgegen, und hielten so einem dreymaligen Angriff aus. Im dritten Anfalle ward der Anführer der feindlichen Reuterey erschlagen, und diese zur Flucht getrieben. Hierauf sollte von Carls Armee auf der Ebene eine Schlachtordnung formirt werden. Allein die Eidsgenossen drangen hart auf die Feinde zu, und nöthigten sie zum Weichen. Die Soldaten, welche noch im Begriffe waren, aus Carls Lager zurückken, schlossen hieraus, ihre Freunde müsten geschlagen seyn, erschracken, und nahmen mit Zurücklassung ihrer Waffen, Geräthes, Zelten und vieler Pferde, in der grössten Unordnung die Flucht: und ihrer tausend wurden im Verfolgen von den Schweizern, (jedoch mit einem Verlust von fünfzig ihrer Leute,) erlegt.

✶✶✶✶✶✶✶✶✶✶✶:✶✶✶✶✶✶✶✶✶✶

Ergrimmt, die Waffen in der Hand,
   Voll Fluch den frechen Mund,
Betrat das Heldenvaterland.
   Der Herzog von Burgund.

Entgegen eilten wir dem Feind
   Mit Schweizerheldenmuth,
Und lachten, brüderlich vereint,
   Der allzustolzen Wut,

Und seiner Zelten tief im Thal,
  Und seiner Helme Pracht;
Und lachten seiner Wagen Zahl,
  Und seiner Rosse Macht.

Wir standen, achtzehntausend Mann,
  Vor sechszigtausenden;
Da sahn wir nur den Himmel an,
  Und sahn sie ruhig stehn.

Laut bethete das ganze Heer
  Der Schweizer auf dem Knie.
Und Er, Er schwur bey seiner Ehr':
  „Zu Staub vertilg ich sie!"

Dreymal griff der Burgunder an; —
  Und dreymal ohne Frucht.
Ein Hauptmann fiel; — die Helden sahn
  Ihn todt, und nahmen Flucht.

Sie flohn, — wie war die Angst so groß!
  Wie Hirschen aus dem Feld,
Und liessen Wagen uns und Roß,
  Kanonen, Schild und Zelt.

Was, Herzog! half dir nun dein Schwur?
  So wenig, als dein Heer.
Du schlugest unser fünfzig nur,
  Und zwanzigmal wir mehr.

Heran nun; — theilt die Beuten aus,
Und sagt dem Himmel Dank!
Es hall' in Granson und Carthaus
Der frohe Siegsgesang!

XII.

II. Die Schlacht bey Murten.
1 4 7 6.

Die bey Granson erlittene Niederlage schwur Carl an den Eidsgenossen zu rächen, und machte daher in schneller Eile neue Zurüstungen, und bot sich Volk und Geld so geschwind auf, daß er schon am siebenten Tage nach seiner unglücklichen Schlacht mit einem Heere von sechszigtausend Mann aufbrechen konnte. Er hielt bey Lofannen, und schlug daselbst sein Lager auf. Die Berner erkundigten sich in Ansehung aller Schritte ihres Feindes, und gaben davon ihren Verbündeten ungesäumt Nachricht. Den eilften Brachmonats rückte Carl mit seinem Heere vor Murten, worin eine Besatzung von fünfzehnhundert Mann lag. Der Feind suchte sich einiger Brücken und Plätze zu bemeistern, um dem Zuzug der Verbündeten den Weg abzuschneiden, ward aber gänzlich zurückgetrieben. Bey Murten gieng es nicht besser; denn als Carls Soldaten, beym Einsturz eines grossen Stücks der Mauer, Sturm laufen wollten, wurden sie von den Belagerten zu Grunde gerichtet.

Die Schlacht bey Murten.

Indeſſen kam der Verbündeten Zuzug an; ſo daß die Eidgenoſſen itzt über dreyßigtauſend Mann, worunter viertauſend zu Pferde, ſtark waren. Sie fanden gut, die Feinde anzugreifen, und ſchlugen ſich, ungeacht einer harten Gegenwehre, mit groſſer Dapferkeit und zweifelhaftem Erfolg lange, bis endlich ein Ausfall von Murten, ſechshundert an der Zahl, dem Feind in den Rükten fiel. Nun verließ der von allen Seiten geängſtigte Feind das Gefecht, und ſuchte ſein Heil in der Flucht; allein auch da ward er niedergehauen, und in den See geſtürzt; ſo daß er dabey nicht nur ſein ganzes Lager, ſondern auch zwanzigtauſend Mann einbüßte, und Carls rachſchnaubender Uebermuth mit ewiger Schande belohlt ward.

Die Gebeine der Ueberwundenen wurden nachher in ein Gewölbe geſammelt, welches das Andenken dieſes wichtigen Sieges den ſpäteſten Nachkommen überliefern ſollte.

Noch ſchnaubte Carl von Rach' und Wut,
 Zu rächen unſern Sieg,
Und dürſtete nach Schweizerblut,
 Und wagte neuen Krieg.

Er ſchmelzte, was er hatt', an Erz,
 Goß, was er konnte, Stück;
Ihm glühte ſein tollkühnes Herz,
 Und tödtend war ſein Blick.

Die Schlacht bey Murten.

Noch pocht die Brust ihm von der Flucht,
 Und dennoch lagerte
Sein Volk sich, das er wieder sucht,
 Mit ihm am Genfersee.

Nicht feig sahn unsre Väter zu;
 Der Stolz erschreckt sie nicht.
Sie eilen neuen Siegen zu
 Mit heiterm Angesicht.

Erzittre Murten nicht zu früh,
 Kömmt dein Belagrer ist!
Nein! dich besteigt der Herzog nie,
 Wenn Schweizermuth dich schützt.

Zieht gleich mit sechszigtausend Mann
 Er im Triumph daher,
Und baut als der, der schon gewann,
 Sein prächtig Zeltenheer. —

Er donnert, schreckliches Geschoß
 Auf Murtens Mau'r und Thurm,
Und Stein auf Steine brachen los:
 „ Lauft, lauft, gebot er, Sturm!"

Lauft Sturm! — wohin? ins Schweizerschwert:
 Sterbt oder weicht zurück!
Da fielen tausend durch das Schwert,
 Die andern flohn zurück.

Die Schlacht bey Murten.

Zu dreyßigtausend standen bald
    Die Schweizer in dem Feld.
Im blitzenden Hellpartenwald
    Gedrängt, stand Held an Held.

„Kämpft, rief Hallwyl, wie Helden heut!
    „Es töne Schlag auf Schlag!
„Ihr kennt der Väter Dapferkeit
    „Am Tausenddrittertag!" *)

Noch flehten sie zu Gott empor,
    Und sanken auf ihr Knie;
Die Sonne stralte schnell hervor,
    Und stralte Muth in sie.

„Seht! rief mit aufgehobner Hand
    „Der Held: wir siegen heut;
„Herz, Jüngling! Herz für's Vaterland!
    „Gott ist mit uns im Streit!"

„Noch dunkel ist's beym Feinde! ha!
    „Und helle bey uns! Heil!
„Gebt Eure keuschen Mädchen ja
    „Den Walchen nicht zu Theil!" **)

„Er-

---

*) Der Tag, auf welchen diese Schlacht fiel, und an dem ihre Väter viele Jahre vorher bey Laupen siegten.

**) Haßwyls eigene Worte, da die Sonne den Platz, wo sie betheten, plötzlich bestralte.

Die Schlacht bey Murten.

„ Erwartet nun den Feind nicht mehr!
„ Greift an und schlagt und siegt!
„ Schlagt vorwärts und schlagt hinterher!
„ Bis er im Staube liegt." *)

Noch ruhig lag er meilenlang;
 Ein Held griff an; Es fiel
Mit einer handvoll Mann und drang
 In ihn Hanns von Hallwyl.

Laut strömt das donnernde Geschoß
 Rauch über Waffenglanz;
Bepanzert bäumt sich Roß an Roß,
 Und Lanze klingt an Lanz'.

Voll warmer Treu, voll Vaterland,
 An Rath und Muth der Größt',
Im Rauche, wie in Wolken stand,
 Gleich Felsen, Waldmann *) fest.

Laut rief die Freyheit iedem zu:
 Schön ist des Helden Tod!
Und Mann und Jüngling schlugen zu,
 Und jeder Schlag war Tod!

Der

---

*) Felix Keller von Zürich.

**) Waldmann ward, wegen seiner, bey diesem Anlaß, schon vor der Schlacht geäufferten Tapferkeit zum Ritter geschlagen. Er führte das Commando bey dem Gewalthaufen der Eidgenossen.

Die Schlacht bey Murten.

Der Wälsche kämpfte kurze Zeit,
    Und Knecht und Ritter lief;
Das weite Feld war überstreut
    Mit Speeren, Kniees tief.

Umströmt von tausendfachem Feu'r
    Wollt' unser Feind nur fliehn,
Doch, wo er flieht, ist Tod und Feu'r,
    Sind Sieger über ihn.

Sie kletterten die Bäum' hinauf,
    Und stürzten in den See,
Die, die das Schwert im schnellen Lauf
    Der Flucht nicht tödtete.

Die Reuterey fliegt rasselnd, strömt
    Mit staubigtem Gestampf
Den Feind, gleich Fluten, weg und kömmt
    Und schnaubt durch Rauch und Dampf.

Zwo Meilen lang bedeckte sich
    Das Land mit Tod und Blut;
Den Abend wurde schweizerlich
    Gerächet Gransons Blut.

Weg ist der Feind nun, weit zerstreut,
    Und müde Mann und Pferd.
Halt! Sieger! halt! Kehrt um zur Beut',
    Zur Scheide, Heldenschwert!

Noch spricht ein Denkmal von der Schlacht!
Das, Schweizer! schau izt an,
Und fühle, wie vereinte Macht
Der Treuen siegen kann!

XIII.
III. Die Schlacht bey Nancy.
1 4 7 7.

Nachdem Carl sein widriges Schicksal bey Murten überdachte, gerieth er darüber in eine tiefe niederschlagende Schwermuth, wovon er sich doch einige Zeit nachher erholte, und seinen Leuten aufs neue seine Rache gegen die Sieger predigte. Mit schlechtem Erfolge; denn seine Unterthanen waren des Krieges herzlich müde. Nichts destoweniger beschloß er unsinniger weise im Jenner 1477. die Stadt Nancy zu belagern. Der Herzog von Lothringen flehte seine eidsgenössischen Freunde um schleunige Beyhülf an, um sich Carln mit Nachdruck zu widersetzen. Er bemächtigte sich auch eines wichtigen Passes, den Carl thörichter weise zu besetzen verabsäumt hatte, und führte nachher sein Volk gegen Carl an.

Dieser war bey allem Widerrathen seiner Freunde taub, und stellte dem Herzogen von Lothringen, dessen frische und muthvolle Völker an der Zahl noch einmal so stark waren, seine theils kranke und muthlose, theils übelbewaffnete Häufchens entgegen. Einer von Carls vornehmsten Heerführern trat verrätherischer weise mit dreyhundert Mann zu den Lothringern über, ward aber von ihnen mit Verachtung und Abscheu abgewiesen. Er kehrte sich aber auf eine andere Seite, willens, Carln den Weg zur Flucht abzuschneiden.

In diesen Umständen ward Carls kleines Heer von vorne durch die Lothringer angegriffen; mittlerweile ein Haufen Schweizer demselben von der einten, ein andrer Haufen Schweizer von der andern Seite in die Flanquen fiel, und ebendasselbe auch von hinten feindlich angefallen ward, bis ein vollkommener Sieg über die Burgunder dem Krieg und Carls Leben ein Ende machte.

* * * *

Zwar finster, wie die schwarze Nacht,
   Grämt Carl sich Jammervoll,
Doch will er noch die dritte Schlacht:
   Bist du dann, Herzog! toll?

Ganz Eigensinn und ganz erbost
   Ist er nicht satt zu fliehn:
Und zwingt bey herbem Wintersfrost
   Sein Volk ins Feld zu ziehn.

Die Schlacht bey Nancy.

Sein schwaches Heer zieht muthlos her,
  Als wär es schon geflohn;
Zum drittenmal geht unser Heer
  Auf ihn, als siegt' es schon.

Schänz um dich her Gehäge hier,
  Und dort Artillerie!
Ha! das Gehäg zerhauen wir!
  Ha! und erbeuten die!

Der Schweizer Feldposaunenhall
  Tönt furchtbar in sein Ohr;
Es kam ihm wieder, Knall auf Knall,
  Die Schlacht bey Murten vor.

Wir griffen an, und plözlich lief
  Soldat und Reuter weg!
Und wir, wir nach, zerhieben tief,
  Zertraten das Gehäg.

Und stürzten schneller, als der Blitz,
  Feurathmend in sie ein.
„Flieht, flieht vor Säbeln und Geschüz;
  „Das geht durch Mark und Bein!"

Wohin? wohin im schnellen Lauf?
  Der Tod jagt hinterher.
Verräther fangen vornen auf;
  Nichts kann euch retten mehr.

Der Herzog floh vor Nancy hin
  Mit seinem Reuterchor;
Wir schlagen fort, so weit sie fliehn;
  Und hoch hebt sich empor

Ein Schwert, das tief mit einem Streich
  Sein Eisenhaupt zerhieb,
Daß Er, gefällten Eichen gleich,
  Hinsank und liegen blieb.

So, Schweizer! fiel durch unsre Hand
  Der Kühne von dem Thron!
Fall, Feind der Freyheit! Fall mit Schand
  Ist deines Stolzes Lohn!

IV. Nicolaus von der Flüe.

1481.

Da der größte Theil des nachstehenden Liedes beynahe nichts, als eine Versification von dem historischen Theile des lehrreichen Aufsatzes ist, den Herr Salomon Hirzel, Stadtschreiber in Zürich, der würdige Verfasser des Junius Brutus, und verschiedener nur in seinem Vaterlande bekannter patriotischer Aufsätze für die Jugend, auf den Neujahrstag 1768, im Namen der Stadtbibliothekgesellschaft verfertigt hat, so hat man gut gefunden, statt eines andern Vorberichtes, den historischen Theil dieses Aufsatzes, hier beynahe von Wort zu Wort vor-

vorzuſetzen, zumal das übrige von der ſtrengen Lebensart
und auſſerordentlicher Rechtſchaffenheit des Bruder Clau-
ſen von Unterwalden, auch den ungelehrteſten Le-
ſern, bekannt genug ſeyn mag.

Wer iſt der, der in dem Kreiſe verſammelter Väter des Vaterlandes, mit beſcheidener Mine ſteht,
und von allen mit ſcharfem Nachdenken behorcht
wird? Es iſt der beßte Menſch unter ſeinen Zeit-
genoſſen, Nicolaus von Flüe, dem jederman
dieß Zeugniß gab, und den das Vaterland in der
Noth als einen Retter ſuchte, ſeine gerechte Stimme
hörte, und durch ihn beruhigt ward.

Nicht lange nachdem die Eidsgenoſſen Carl
den Kühnen, ihren wider ſie aufgebrachten Feind
um Ehre, Gut und Leben bey drey ruhmwürdigen
Siegen gebracht, hatte unter den Vornehmen die
Begierde nach Reichthum, bey dem gemeinen Volke
aber Muthwillen und Luſt zu Raub und Brand
überhand genommen. Die Eidsgenoſſen entzweyten
ſich, nach ihren Staatsverfaſſungen, die bey den
Städten mehr oder weniger Ariſtokratiſch, bey den
Ländern ganz Demokratiſch ſind. Die Städte,
die in dem Kriege ihre mehrere Macht gefühlt hatten, und ihre Untergebenen eher im Zaum hielten,
lenkten ſich von den Ländern, welche auf gleiche
Thei=

Theilung der Beute Ansprache machten, und den thörigten Ausschweifungen der Ihrigen, mit mehrerer Mühe widerstehen mußten, zu einer nähern Vereinigung unter sich; die zu verstärken, zogen sie nach Freyburg und Solothurn dazu, die im Kriege dapfere Hülfe geleistet, und Lust hatten, an dem Eidsgenößischen Bunde, Theil zu haben. In ihren Gedanken schon verkürzt, sahen die Länder diese neue Verbindung der Städte mit Widerwillen, die sie, nach ihrem Wahne, derselben Uebermacht vollends unterwürfe. Sie suchten diese Verbindung zu hindern, und mahnten, da sie es bey andern zu thun weniger Recht hatten, Luzern, welche näher mit ihnen verbunden war, mit Ernst davon ab. Die Sache wurde immer schwerer, und beym Widerstande wuchs die Begierde zur Vereinigung. Eine allgemeine Versammlung der Eidsgenossen, die zu Stanz gehalten ward, sollte den Zwist endigen; aber die Erbitterung nahm zu, und die Gesandten waren im Begriffe, mit vermehrtem Unwillen aus einander zu gehen: da eilte ein würdiger Pfarrer zu Stanz, mit Vorwissen der meisten Gesandten zum Nicolaus von Flüe in seine Einöde, erzählte ihm die fruchtlose Bemühung der Eidsgenossen und ihren Vorsatz, mit vermehrter Erbitterung sich zu verlassen, und bat ihn mit Thränen im Aug, dem allgemeinen Verlangen zu entsprechen, und zu versuchen, ob er durch

treuen

Nicolaus von der Flüe.

treuen Rath die streitenden Brüder vereinigen könnte. Er ließ sich erbitten, kam mit ihm, trat in die Versammlung der Eidsgenossen, und redete sie also an:

„Gott grüsse Euch, liebe Herren und Oberen! Ich komme zu Euch in Eure Versammlung, mit dem aufrichtigen Sinne, mit dem ich täglich zu Gott, dem ich in der Einsamkeit diene, für Euern Wohlstand bethe. Ich hatte geglaubt, das wäre alles, was ich für die Angelegenheiten dieses Lebens und meines lieben Vaterlandes thun könnte und sollte; aber die göttliche Vorsehung fodert noch am Ende meiner Laufbahn, daß ich mehr thue; ich verehre ihren Wink, in dem drungenlichen Bitten meines Bruders, des treuen Pfarrers von Stanz, der mich mit Thränen ermahnt, daß ich hieher kommen, und Eure Gemüther vereinigen mögte; und ich hoffe, daß Gott seinen Seegen gebe zu meinem Thun. Theureste Eidsgenossen, worüber streitet Ihr? über die Folgen von dreyen Siegen, die Euch Gott verliehen hat. War es Eure Macht, Ihr Städte der Eidsgenoßschaft, die gesieget hat? überhebet Euch nicht, und erkennet die höhere Hand, und danket derselben! Wenn menschliche Kräfte allein zu rechnen sind, wisset ihr, wer am meisten gethan hat? — die genaue Vereinigung Euer aller, das Stehen für einen Mann;

die

die Eintracht und Zusammensetzung Leibs und Lebens, die haben mit dem Beystande Gottes, die Feinde geschlagen, und die können itzt Euern tödlichen Feind, der Euch allen im Herzen sitzt, auch zu Boden schlagen; ich meyne die Zwentracht, und die Erbitterung der Gemüther. Nur wieder in wahrer Treue zusammengestanden, wie bey Granson und Murten! nur jeder des andern Leben für das seine, des andern Glück für sein eigenes gehalten! so werdet Ihr siegreich über Euch selbst aus dieser Versammlung gehen. Hättet ihr gern gesehen, ihr Städte! wenn die Länder damals auf die Seite gestanden, und Euch alles allein überlassen hätten? warum wollet ihr denn itzt so allein auf die Seite stehen? Der eidsgenößische Bund ist gut genug; nehmet Freyburg und Solothurn darein auf, die Euch allen so treulich beygestanden. — Liebet und ehret eure mindergesegneten Brüder, so die ersten den eidsgenößischen Bund beschworen haben, Ihr, denen Gott mehrere Macht beygelegt! und ihr lieben Herren aus den Ländern, nehmet die beyden Städte Freyburg und Solothurn, mit Freuden in den eidsgenößischen Bund auf! er ist noch nicht zu groß; und sie haben es um euch verdienet; danket Gott, daß er euch so dapfre und mächtige Freunde gegeben, daran eure Altvordern nicht hätten denken dürfen; haltet eure Bünde getreulich; und sie werden keine

neue

neue mehr machen; deß bin ich verfichert. Da Ihr so viel Ehre, Glück und Seegen von Gott empfangen, liebe Herren, könnet Ihr dann mit einander über eine Handvoll Koth streiten, wer davon mehr oder weniger haben soll? oder auch über ein Stück Landes? Theilet das mit der Eintracht, wie Ihr es gewonnen, und es wird Euch gesegnet seyn. Ueber alles, liebe Herren, muß ich Euch bitten, als ein alter treuer Eidsgenoß, der sein Vaterland liebet, und es gerne vor dem Verderben bewahren mögte: Strebet doch dem eiteln Haab' und Gut nicht zu sehr nach! Lebet wie eure seeligen Väter, die auch streitbare Männer waren; so brauchet ihr weniger. Haltet Zucht und Ehrbarkeit in euren Häusern zuerst, und dann in dem ganzen Lande unter euerm Volk! ziehet es vom Muthwillen ab, und gewöhnt es an eine nützliche Arbeit! Nun behüt Euch Gott, liebe Herren! tretet izt in Gottes Namen zusammen, wie ihr vor dem Feind bey einander gestanden, mit Treu und Eintracht; es wird, ob Gott will, wohl ein Vergleich zu Stande zu bringen seyn. Ich will diesen Fleck nicht verlassen, bis ihr als gute Eidsgenossen von einander scheiden könnt. Gott aber leite selbst eure Herzen, und behüte Städte und Länder durch seine Gnade!"

Nicolaus von der Flüe.

Nach dieser Zurede und bey fernerm treuen und sorgfältigem Anhalten des frommen Niclaus von Flüe ward die Erbitterung gestillet, der Ausbruch eines einheimischen Krieges, der gefährlicher war, jemehr von den vorigen Unternehmungen die Gemüther sich zur Gewaltthätigkeit lenkten, glücklich vermieden, und die in der eidsgenößischen Geschichte bekannte Verkommniß zu Stanz errichtet, und die Gesandten schieden mit Freude und Liebe von einander.

* * * *

Ja Brüder! es lohnt sich der Mühe,
Dem Bruder Niclaus von der Flüe
Zu singen ein unsterblich Lied!
Er war des Vaterlandes Retter,
Ein Heiliger, und war ein Held.
Wo, Brüder, ist ein frömmrer Bether?
Ein beßrer Bürger in der Welt?

Unsträflich war sein Knabenleben;
Gott und der Tugend nur ergeben
Blieb er als Jüngling, Mann und Greis;
Fleht Tage lang auf einer Stelle
Zu seinem Gott; ein Tempel war
Besucht von Engeln seine Zelle,
Sein Herz ein brennender Altar.

Nicolaus von der Flüe.

Von jahrelangem Fasten hager, *)
Hatt' er ein Bret zu seinem Lager,
Zu seinem Polster einen Stein.
Auch von den Weisesten bewundert,
Der beßte Mann zu seiner Zeit,
Für jedes künftige Jahrhundert
Ein Beyspiel froher Nüchternheit!

Er stand im Kreis entzweyter Väter,
Von Gott gesandt, ein weiser Retter,
Voll Dehmuth und Erhabenheit.
Er rief mit lichterfülltem Blicke! **)
(Und alle hörten weinend zu;)
„ O Friede, kehre bald zurücke!
„ O Einigkeit, wie schön bist du!

„ Wer half Euch jene Sieg' erringen?
„ Dreymal den kühnsten Feind bezwingen?
„ Wars, Väter, Gott und Eintracht nicht?
„ Und Gott und Eintracht soll im Frieden
„ Wie vormals Eure Freude seyn!
„ Fluch wird sonst, seyd Ihr kaum geschieden,
„ Fluch wird Euch Gottes Seegen seyn!

„ Drum

*) Er begab sich ungefehr in seinem fünfzigsten Jahre in die Einsiedeley, und soll bis ins siebenzigste, ohne Speise, gelebt haben.

**) Seine Lebensbeschreiber geben es als eine sehr zuverläßige Sache aus, daß sein Angesicht sehr oft in einem buchstäblichen Sinne geleuchtet habe.

„ Drum Väter, nun in Gottes Namen,
„ Steht wieder, wie ein Mann, zusammen:
„ Seyd ein Herz, eine Seele nur!
„ Such jeder alle zu vergnügen
„ Nenn jeder andrer Glück sein Glück!
„ Helft Euch, Euch selber itzt besiegen!
„ Und Gottes Seegen kehrt zurück.

„ Mit Euerm brüderlichen Bunde
„ Beehret froh, zu dieser Stunde,
„ Heut Freyburg, heut noch Solothurn!
„ Sie sind es werth, die dapfern Freunde;
„ Sie halfen treulich in der Schlacht;
„ Das ists, was furchtbar Euch dem Feinde,
„ Das ists, was Gott Euch günstig macht.

„ Theilt friedlich, was Ihr Euch erbeutet!
„ Bleibt mäßig, wie die Väter! Streitet
„ Für Freyheit! nicht für Gold und Koth!
„ Gold hilft Euch nicht am Tag des Krieges;
„ Nur Eintracht, Treu und Dapferkeit!
„ Mißbraucht das hohe Glück des Sieges
„ Zum Stolz nicht, nicht zur Grausamkeit.

„ Ich weiche nicht von dieser Stätte,
„ Nicht, Väter! bis Ihr in die Wette
„ Euch alle brüderlich umarmt!"

So sprach der Menschenfreund; und Liebe
Erhob in aller Herzen sich;
Mit warmem brüderlichem Triebe
Umarmten sie sich schweizerlich.

Nun, Brüder, lohnt sich's nicht der Mühe,
Dem Bruder Niclaus von der Flüe
Zu singen ein unsterblich Lied?
Ihm, Ihm des Vaterlandes Retter,
Der war ein Heiliger und Held!
Wo, Brüder! ist ein frömmrer Better,
Ein beßrer Bürger in der Welt?

XV. Der Schwabenkrieg.
1499.

Verschiedene Ursachen, deren Erwähnung nicht hieher gehört, entzündeten einen heftigen Krieg zwischen den Schwaben und Eidsgenossen, der insonderheit durch folgende Gefechte merkwürdig war.

Die Bündner überfielen die Landwehre bey Luciensteig nächtlicher weise, und jagten die Feinde, mit Verlust vierhundert Todter auf Guttenburg zu. Auf diesen Lärm stellte sich ein Haufen eidsgenößischer Hülfsvölker zunächst bey diesem letztern Orte in Bereitschaft. Den folgenden Morgen drangen die Eidsgenossen von Zürich

Der Schwabenkrieg.

und Zug, angesichts der Feinde, durch eine Furth bey Ehreisen über den Rhein, und trieben die Flüchtigen dem andern Haufen bey Guttenburg in die Hände. Hier liessen die Oesterreicher wiederum dreyhundert Todte auf dem Platz.

Die Eidsgenossen waren, achttausend stark, bey Rankweil gelagert, und der Feind stand, zehntausend stark, bey Hard zwischen Bregenz und Fussach. Man rückte gegen einander an. Die Vortruppen fliessen an dem Sanctiohannesberg auf einander. Nicht nur wurden die Landsknechte zurückgetrieben, sondern der vörderste Haufen der Eidsgenossen, kaum vierhundert Mann stark, trat dem ganzen Heere der Feinde, das hinter einem Moraste in Schlachtordnung stand, muthig vor die Augen. — Die Oesterreichischen nahmen das Niederknieen und gewöhnliche Streitgebeth dieser Handvoll Leute für einen Fussfall, und beantworteten es mit einem lauten Siegsgeschrey. Kaum aber erschien das ganze eidsgenössische Heer, so eilten die vördersten, das grobe Geschütz der Feinde zu erobern. Die Schwäbischen, die ihre Feinde nicht in so grosser Anzahl erwarteten, nahmen nach einem kurzen Gefechte die Flucht. Ungefähr zweytausend fielen auf dem Wahlplatze, oder auf der Flucht durchs Schwert; andere im See oder im Moraste, so daß die Hälfte des Schwäbischen Kriegsheeres zu Grunde gieng.

Als eines Tages die Eidsgenossen durch den Rhein überzusetzen versuchten, und ihrer ein Theil, ungeacht des plötzlichen Ansteigens des Stromes vom einschmelzenden Schnee, sich tief hineingewagt hatte, kam das Gerücht,

Der Schwabenkrieg.

rückt, daß die Feinde von der andern Seite im Anmarsche wären; die Hauptleute befahlen, daß jeder an seiner Stelle unbewegt bliben sollte; denn sie hielten es für eine Unvorsichtigkeit, ohne genugsame Kundschaft vorzurücken, und für eine Schande, zurückzugehn, ohne wenigstens den Feind erblickt zu haben. Also standen die meisten bey zwo Stunden in dem Strome, der vielen bis an die Schultern gieng, so daß sie die schwimmenden Eisschollen mit den Schäften ihrer Spiesse ablehnen mußten, ohne sich durch die Kälte des Wassers abschrecken zu lassen, die doch so groß war, daß einige den Gebrauch ihrer Füße, andre das Leben verloren.

Die Kantone hatten zwar kein Kriegsheer im Felde, nichts destoweniger wurden ihre Besatzungen an den Gränzen mit den Feinden zum öftern handgemein.

Die Angriffe wurden indessen gegen die Eidgenossen widerholt. Eine starke Anzahl feindlicher Völker fiel diesseits des Rheines in das Gebiet des Freyherrn von Sax und des Abtes von St. Gallen ein, wo nur wenige Mannschaft in Bereitschaft stand, sich ihren Verwüstungen zu widersetzen. Ein Glarner, Wala, stellte sich wider zwanzig Reisige zur Gegenwehr, und hub aus denselben drey mit dem Spiesse aus dem Sattel. Kurz darauf schlugen die Eidgenossen nach einer kleinen Niederlage mit fünfzehnhundert Mann etwa achtzehntausend Feinde in die Flucht, wobey die Schwaben, ohne die Ertrunkenen, vierzehnhundert Mann einbüßten.

Das eidgenößische Heer am obern Rhein beschloß, auf die Nachricht von diesem glücklichen Gefechte am

Schwa-

Der Schwabenkrieg.

Schwaderloch die Schwäbischen bey Fraßenz hinter ihren Verschanzungen anzugreifen. Heinrich Wolleb von Uri erstieg mit zweytausend Mann die Anhöhe, die so steil war, daß sich die Leute mit Hülfe der Spieße kaum durch das Gesträuche helfen konnten. Die vorderste Wache von dreyhundert Schützen ward leicht übertrumpelt; allein der größere Haufen von fünfzehnhundert Bergknappen, die der stählerne Haufen hieß, machten den Grund streitig, und wichen erst nach einem standhaften Gefechte aus ihrem Vortheile.

Die Eidsgenossen drangen durch die Verhacke, bis sie hinter den Linien der Schwäbischen zu stehen kamen, die vierzehntausend Mann stark in einem dreyfachen Haufen mit starkem Geschütze auf beyden Seiten bedeckt, ihrer erwarteten. Wolleb ließ seine Leute sich auf den Boden niederlegen, dieweil die Stücke von einer Seite abgelöset wurden. Als die Abfeurung von der andern Seite geschehen sollte, blieb er allein aufrecht stehn, und empfieng auf der Stelle eine tödtliche Wunde. Wolan, rief er, indem er seine letzten Kräfte sammlete; eilet zum Angriffe! dem Himmel sey für den Sieg gedanket, der euch itzt nicht mehr fehlen kann; Nach anderer Erzählung hatte Wolleb das Schicksal des berühmten Winkelrieds und ward erstochen, indem er und ein anderer Eidsgenoß ihre Hellenparten kreuzweise über die Spieße der Feinde legten, um eine Oeffnung in das vorderste Glied derselben zu machen; auf diese oder andere Weise starb er den Tod eines rechtschaffnen Helden. — Der Rauch vom Geschütze begünstigte den Angriff, der so hitzig war, daß die Feinde, nach einem

schwa-

schwachen Widerstande, die Flucht nahmen. Die Chroniken rechnen den Verlust der Eidgenossen nur auf eilf Todte. Die Waffenbeute war für sie beträchtlich. Die Sieger liessen sich von den noch übrigen im Wallgau erbitten, mit einer Brandschatzung vorlieb zu nehmen. Und also gieng diesmal das schweizerische Kriegsheer aus einander.

Nachher (um verschiedenes zu übergeben) war Kayser Maximilian gesinnet, die Schweizer von dreyen Seiten auf einmal anzufallen, und ließ in dieser Absicht fünfzehntausend Mann vor Basel anrücken. Das Kriegsheer lag ohne Kriegszucht an verschiedenen Orten zerstreut. Die Eidsgenossen, als sie das vernahmen, machten sich zum Angriffe gefaßt, sobald einige tausend bey einander waren. Die zerstreuten Feinde waren bald in ihr Lager zurückgejagt; diese hatten, weil ein Theil der Eidgenoß. sischen in der Hitze irre gegangen, Zeit, an der Birs sich in Schlachtordnung zu stellen. Das Geschütze, die Reuterey und die grosse Anzahl der Feinde machten hier den Streit für die Schweizer so ungleich, daß keine Hofnung war, denselben, auch mit der grösten Tapferkeit, auszuhalten. Zu ihrem Glücke erschienen die Hülfsvölker von Luzern und Zug, zwar nicht in grosser Anzahl, dann es waren ihrer nicht über zwölfhundert, aber in einem sehr entscheidenden Augenblicke, den Feinden die Furcht eines stärkern Angriffes einzujagen; bald darauf gerieth das Kayserliche Heer in Zerrüttung, nahm die Flucht, und büßte wenigstens dreytausend Mann ein. Nach dreyen Tagen, da sich weiter keine Feinde zeigten, zogen die Eidgenossen wieder nach Hause.

Auch

Auch Er ist unsers Liedes werth,
 Der alte Schwabenkrieg!
Da unsrer Väter Heldenschwert
 Erkämpfte Sieg auf Sieg.

Sie scheuten Heer und Rosse nicht,
 Nicht donnerndes Gewehr;
Vor ihrem Heldenangesicht
 Gieng Gottes Schrecken her.

Sie traten, nur vierhundert Mann,
 Die Säbel in der Hand,
Vors Heer, das prächtig, Mann an Mann,
 Unübersehbar stand.

Unsichtbar sah vom Himmel Gott
 Die Väter auf dem Knie,
Hört schweigend ihrer Hasser Spott,
 Und seegnet stille sie:

„ Steht, meine Kinder! auf und schlagt!
 „ Wer sich auf mich verläßt,
„ Der steht im Wetter jeder Schlacht,
 „ Gleich jungen Löwen fest!"

Auf ihre Feinde drangen sie
 Wie Löwen, durch den Teich,
Und schlugen schnell und jagten sie
 Den scheuen Rehen gleich.

Kurz

Der Schwabenkrieg.

Kurz und entsetzlich war die Schlacht,
   Und groß der frühe Sieg;
Doch der Geschlagnen Uebermacht
   Entflammte neuen Krieg.

Sie kam mit neuem Ungestüm,
   Siegträumend an den Rhein.
Die Väter auf, entgegen ihm
   Dem Feinde, durch den Rhein.

Tief in dem kalten Strome, tief,
   Umströmt von scharfem Eis,
Stand jeder fest, und jeder rief:
   Ich gebe mich nicht Preis;

Und gab nicht Preis dem Strome sich,
   Und nicht der Kälte Wut,
Stand felsenfest; nicht einer wich,
   Und fror ihm gleich sein Blut.

Sie sammelten die lezte Kraft,
   Schon Knie und Brust im Grab;
Und wiesen mit des Speeres Schaft
   Den Eisbruch von sich ab.

Solch' Helden sah ihr Lebenlang
   Die liebe Sonne nie;
Vom Aufgang bis zum Niedergang
   Suchst du vergeblich sie!

Ein Wala nur kam auf die Welt,
  Der zwanzig Panzern sich
Mit einem Speer entgegenstellt',
  Und keinen Streichen wich.

Der machte Mann und Rossen warm,
  Verlachte Spieß und Schwert,
Und hob mit gottgestärktem Arm
  Drey Reuter hoch vom Pferd.

Das alles war noch nicht genug;
  Erst gieng der Krieg recht an.
Ein kleines Häufchen Schweizer schlug,
  Schlug achtzehntausend Mann.

Der Schwabe schnaubt umsonst nach Sieg
  Auf steiler Felsen Burg;
So steil sie waren, Wolleb stieg
  Hinauf, Gesträuch' hindurch.

Hinauf den gähen Felsenwald,
  Wo nie kein Gems durchbrach;
Und wo er hinstieg, stiegen bald
  Zweytausend Helden nach;

Sie stürzten in den Feind hinein,
  Und schlugen große Zahl,
Und ließen sich willkommen seyn
  Das Heldenheer von Stahl;

Der Schwabenkrieg.

Und hieſſen bald auch dieſe fliehn,
Und rücken fort, und ſehn
Kanonen viel, und vor ſich hin
Bey tauſend tauſend ſtehn.

Und alle legten, wie ein Mann,
Sich lachend auf den Bauch;
Es donnert über ſie, ſie ſahn
Hoch über ſich den Rauch.

Nur Wollẽb, der den Fall gebot,
Stand aufrecht; er allein,
Sah ohne Schauer wie ein Gott,
Ins volle Feu'r hinein.

O welch ein Wetter um ihn her!
Getroffen ſtrebt er fort,
Mächt Wege ſich mit ſeinem Speer;
Sieg! iſt ſein letztes Wort.

Ja, Sieg rief ihm ſein Haufen zu,
Da er vom Staub aufſtand,
Wir folgen dir! Stirb fröhlich du,
Den Degen in der Hand.

Und folgten ihm mit glühndem Blik,
Eh noch ihr Wort verſcholl,
Und ſchlugen ſchnell den Feind zurück,
Der blaß und ſchreckenvoll.

Vor ihrer hohen Schwerter Blitz,
　　Der Morgensterne Hieb,
Vor Helleparten und Geschütz,
　　Wie Staub vorm Wind, zerstieb.

Vor Rauch und Dampf konnt er nicht sehn,
　　Der Schweizer nur hat Tag;
Es schlug ein jeder zehnmal zehn!
　　Oft drey mit einem Schlag.

Eilf Schweizer, Eilf nur, sanken todt.
　　So hat kein Heer gesiegt,
Seit Israel mit seinem Gott
　　Die Heidenwelt bekriegt.

Fest, unbeweglich, wo sie stehn,
　　Und überwindlich nie;
Der Wittwen und der Wäisen Flehn,
　　Sonst nichts, besiegte sie.

Doch zahm war, so viel er verlor,
　　Nicht Maximilian,
Noch einmal fiel er sie, der Thor!
　　Mit fünfzehntausend an.

Doch Gott im Himmel lachte sein,
　　Da er so stolz ihn sah,
Und sprach: „Sey Staub! der Sieg ist mein,
　„Und mein Helvetia!"

Der Schwabenkrieg.

So heiß die Wut der Feinde war,
 Und ihre Zahl, so groß,
So fürchterlich der Rosse Schaar,
 So schrecklich das Geschoß;

Sie kämpften doch mit Riesenmuth,
 Und wankten keinen Schritt:
„Versänken wir, wir all' im Blut,
„Wir weichen keinen Tritt!

Da führte Gott zu rechter Zeit
 Erflehte Hülf' herbey;
Und lehrte sie, daß sein der Streit,
 Und sein der Sieg nur sey.

Das Wetter dau'rte nicht mehr lang;
 Er war nicht mehr so wild
Der stolze Feind; Verzweiflung drang
 Durch Panzer, Helm und Schild.

Und blitzgeschwind trat jeder ab,
 Dem Tode zu entfliehn;
Die Väter schlugen Berg hinab
 Auf Leichen Leichen hin.

O welch ein Treffen! welch ein Sieg,
 Welch eine Heldenschaar,
Die immer siegte, bis der Krieg
 Selbst überwunden war.

Der Schwabenkrieg.

O Schweiz, vergiß es nie, daß Gott
 Dein treuer Schutzgott ist,
Wenn du im Glück und in der Noth
 Treu deinem Bunde bist.

✻ ✻ ✻ ✻ ✻

Genug hab' ich von Krieg und Blut,
 Und Tod und Sieg gesungen
Der Väter, die durch Heldenmuth
 Die Freyheit uns errungen.

Mir schauert vor dem Waffenklang;
 Doch stürb' ich schweizerlich,
O Freyheit nicht nur im Gesang,
 Im Felde selbst für Dich!

Zweytes Buch.
Patriotische Lieder.

I. Der Schweizer.

Wer, Schweizer! wer hat Schweizerblut?
Der, der mit Ernst und frohem Muth
Dem Vaterlande Gutes thut;
In seinem Schoose friedlich ruht;
Nicht fürchtet seiner Feinde Wut;
In dem fließt reines Schweizerblut.

Der Schweizer.

Wer Falschheit haßt, und arge List;
Wer ferne flieht vor Zorn und Zwist;
Und, was ihm Gott giebt, froh genießt;
Gern sein gesundes Blut vergießt,
Wenn sein Tod andrer Leben ist;
Der ist ein Schweizer, und ein Christ.

Wer seiner Väter Tugend ehrt,
Sie ausübt und sie andre lehrt;
Das Gute schützt, dem Bösen wehrt;
Des Schmeichlers Stimme niemals hört;
Und Treu hält, wenn er auch nicht schwört;
Der ist des Heldennamens werth.

Wen vieler Glück und Sicherheit
Mehr, als sein eigen Glück erfreut;
Wen keine schöne That gereut;
Wer frühe den Tyrannen dräut;
Und Knechtschaft als ein Laster scheut;
Der, der hat Schweizerredlichkeit.

Wer immer, wo er stehn soll, steht,
Sich niemals über andre bläht;
Den graden Weg in allem geht,
Gold, Wollust, Ueppigkeit verschmäht;
Da erndtet, wo er selber sä't;
Ist über Könige erhöht.

O Schweiz! du Heldenvaterland!
Sey niemals deiner Väter Schand',
Und halt das festgeknüpfte Band
Der Einigkeit mit treuer Hand!
Dann ist in dieser Welt kein Land
Dir gleich, du Heldenvaterland.

II. Gemeineidsgenößisches Lied.

Treue, liebe Eidsgenossen!
Nur aus Heldenblut entsprossen,
Singt, und unsrer Lieder Schall
Ströme wie ein Wasserfall
Von den hohen Felsen nieder!
Felsen, Thäler, hallet wieder!
Wer von alter Treue glüht,
Sing' mit uns dies Schweizerlied!

Heilig Brüder! sey die Stätte,
Wo die Väter in die Wette
Stritten, und im Feu'r der Schlacht
Sich und Enkel frey gemacht.
Heil euch, Schwerter dapfrer Ahnen!
Heil euch, theu'rerworbne Fahnen!
Wer nur Freyheit fühlen kann,
Sieht Euch nicht ohn' Ehrfurcht an!

Gemeindsgenößisches Lied.

Hier, auf diesem Boden standen,
Die zur Freyheit sich verbanden;
Hier, hier flammt' ihr Heldenmuth,
Floß ihr, floß der Feinde Blut!
Blutgedüngter Boden! beben
Sollst du, wenn sich Streit' erheben!
Ruf, o Blut vom Schlachtfeld: Sey
Ewig, Schweizer, stark und frey!

Brüder! werft euch auf die Kniee!
Dankt dem Himmel spät und frühe,
Dessen treue Vaterhand
Herz und Herz zusammen band!
Alte Eintracht! Erste Liebe!
Feuer brüderlicher Triebe!
Löscht nicht mit der Jahre Lauf!
Lebt im Enkelherzen auf!

Jeder Staat soll allen Staaten
Gutes wünschen, Gutes rathen;
Jeder von dem Neide rein,
Alle nur ein Herze seyn!
Welche Freude! welch Entzücken!
Tausend Brüder zu erblicken!
O wie lieblich ist's und schön,
Daß für einen alle stehn!

Friede soll in unsern Gränzen
Lang wie Eisgebürge glänzen!
Eh auf jeder Alpenhöh'
Ferner Jahre tiefer Schnee,
(Unsers Bundes Zeuge) schmelzen,
Sich durch Monarchieen wälzen,
Ehe sich durch Zank und Streit
Brüder! unser Herz entzweyt.

Wenn Europens Völker kriegen,
Singen wir von alten Siegen,
Sehen im Gefühl der Ruh
Ihren Blutgefechten zu;
Weiden selbsterzogne Heerden,
Pflügen sicher eigne Erden,
Essen froh, nach altem Schrot,
Käse, Milch und Roggenbrod.

Einfalt, Einfalt laßt uns lieben,
Friedlich uns in Waffen üben!
Unser Herz und unser Arm
Bleibe für die Freyheit warm!
Schweizer! Weichlichkeit bezwingen!
Nach der Väter Stärke ringen!
Weh, wenn Wollust, Stolz und Pracht
Sklaven aus uns Freyen macht,

Gemeineidsgenößisches Lied.

Auch das Gold in Königshänden
Soll kein Schweizerauge blenden;
Soll uns seyn wie Wind und Rauch!
Goldne Fesseln fesseln auch.
Nein! nach Schmeicheley der Fürsten
Soll kein freyer Schweizer dürsten!
Dehmuth bleibe unser Ruhm!
Freyheit Schweizereigenthum!

Frember Fürsten Feinde schlagen,
Feil sein Blut und Leben tragen,
Schweizer! das ist Raserey!
Das ist Knechtschaft! bleibet frey!
Sucht bey keinem fremden Heere,
Sucht nur in der Freyheit Ehre!
Stärke in der Eintracht nur,
Lieblingssöhne der Natur!

Treue, liebe Eidsgenossen!
Hand in Hand, ihr Heldensprossen,
Singt, und unsrer Lieder Schall
Sey der Berge Wiederhall!
Hallet täglich unsre Lieder
Von Kanton zu Kanton wieder!
Wer von alter Treue glüht,
Schweizer! sing' dies Schweizerlied!

III. Loblied auf Helvetische Eintracht.

Holde Eintracht! beßter Seegen,
Den der Himmel Herzen gab!
Mehr, als Gold und Schild und Degen!
Mehr als Kron' und Königsstab!
Brüder! Brüder! schöner Namen!
Unser Bund soll ewig stehn!
Schlaget Hand und Hand zusammen!
Eintracht! wie bist du so schön!

Frieden tief im Herzen tragen,
Freundlichkeit im treuen Blick;
Stets sich freu'n, und niemals klagen,
Niemals murren, welch ein Glück!
Welche Lust, sich zu begegnen!
Unbekannt geliebt zu seyn!
Ungesehen sich zu seegnen!
Wer, wer kann sich deß nicht freu'n?

Nein! die schönen Brüderfreuden,
Alte Treu und Ehrlichkeit
Soll kein Stolz uns je verlaiden;
Nie der Argwohn! nie der Neid!

Wir,

Loblied auf Helvetische Eintracht.

Wir, wir sollten uns verlassen?
Himmel! laß es nie geschehn!
Brüder sollten Brüder hassen?
Eintracht! wie bist du so schön!

Einen Gott im Himmel bethen
Wir, nur einen Vater an;
Einen nur, der uns vertreten,
Und uns seelig machen kann.
Brüder! Er will wol uns allen!
Jede Tugend jedes Stands,
Redlichkeit wird ihm gefallen,
Mit und ohne Rosenkranz.

Nur nach einem Himmel streben
Wir, wir treuverbundne Freund'!
Ewig bey einander leben
Alle, die sich hier vereint.
Namen sollen nie uns trennen!
Wer Gott liebt und redlich ist,
Mag, wie er nur will, sich nennen;
Bruder ist er, und ein Christ!

Ewig sollen alle Zwiste
Unter uns vergessen seyn!
Ach! daß jeder Fremdling wüßte,
Wie wir schmerzlich sie bereu'n!

Heisse

Heiſſe Thränen rollen nieder; —
Himmelweit entferne ſich,
Treue gottgeſchenkte Brüder,
Zweytracht von uns ewiglich!

Schweizerberge! — undurchdringlich
Hohe Feſtung der Natur! —
Aber, Brüder! unbezwinglich
Sind wir doch durch Eintracht nur!
Wer, wer darf an uns ſich wagen,
Der uns, Arm an Arme, ſieht?
Komm' er nur, mit uns zu ſchlagen,
Wenn er gern liegt oder flieht!

Wer iſt's, der uns ſchützt und rettet,
Wenn es Macht und Gold nicht kann?
Eintracht! Eintracht! Brüder, bethet,
Fleht Gott nur um Eintracht an!
Unbeweglich in Gefahren,
Unbeſiegbar in dem Streit,
Alles, was ſie wollten, waren
Schweizer ſtets durch Einigkeit.

Weh dem, der uns zu entzweyen,
Kriege zu entzünden ſucht!
Weh dem, der ihm nicht darf dräuen!
Wehe dem, der ihn nicht flucht!

Aber! wol dir Eintrachtmehrer!
Heil dir treuer Friedensfreund!
Heil dem sanften Sanftmuthlehrer,
Der beym Zwist der Brüder weint!

Jetzige beglückte Zeiten
Seyd ein Beyspiel alter Treu!
Alter Eintracht! Ferner Zeiten
Söhne bleibt vereint und frey!
Laut, vor Gottes offnen Ohren,
Wollen wir den Bund erneun!
Laut und feyrlich sey's geschworen:
Eintracht soll unsterblich seyn!

IV. Lied einer Schweizerischen Obrigkeit.

Erhabnes Glück für edle Seelen,
Wenn, Recht und Ordnung zu befehlen,
Sie dapfre Nationen wählen,
Und ihnen leihen Palm und Schwert!
Erhabne Würde! Lastern wehren,
Die Unschuld retten, Weisheit ehren,
Ein Volk sein Glück, die Tugend, lehren,
Ein freyes Volk, das Freyheit werth.

Laßt

Lied einer Schweizerischen Obrigkeit.

Laßt Könige mit goldnen Kronen
Auf Silberreichen hohen Thronen
In blendenden Palläften wohnen,
Und hundert Sklaven um sie stehn;
Laßt, wenn sie Menschen sehen wollen,
Sie stolz in grossen silbervollen
Carossen über Marmor rollen,
Und nie mit Menschenfüssen gehn.

Uns soll kein Silberwagen führen;
Nicht Roß und Mann vor unsern Thüren,
Kein Stern von Diamant uns zieren!
Uns Schweizern steht die Einfalt an!
Laßt Fürsten ihre Länder drücken,
Die sich vor ihrem Zepter bücken;
Wir sehn mit väterlichen Blicken
Als Kinder Bau'r und Bürger an.

Ein Wütrich mag mit Unrecht scherzen;
Kömmt, Kinder Ihr, mit offnen Herzen;
Sucht Rath und klagt uns eure Schmerzen;
Wir sinds, die willig für euch stehn.
O wol uns, wenn wir ohne Grauen,
Mit heiterm kindlichem Vertrauen,
Euch all' auf unser Beyspiel schauen,
Euch alle gut und glücklich sehn!

Lied einer Schweizerischen Obrigkeit.

Kein Armer soll vor Reichen zagen;
Kein Kind des Vaterlands soll klagen,
Daß wir das Schwert mit Unrecht tragen,
Das Gott durch Euch uns übergab,
Das sichre Laster zu erschüttern.
Ja! wie vor donnernden Gewittern
Sollst du, o Bosheit, vor ihm zittern;
Dir, Stolz! ziehn wir die Larven ab.

Auch wir, wir suchen jenen Zeiten,
Da, statt zur Wolfahrt uns zu leiten,
Tyrannen raubten, würgten, dräuten:
Ja Rache folg' auf Tyranney!
Weh denen, die auf Herrschsucht denken!
Weh jedem Freunde von Geschenken!
Weh allen, die die Unschuld kränken,
Als ob kein Gott im Himmel sey!

Der Fluch vom Gold, das sie genommen,
Das Seufzen der bedrängten Frommen
Soll auf den Kopf der Frevler kommen,
Und Flammen unter ihren Raub!
Gott kann, Gott wird den Untertretern
Der Freyheit mit furchtbaren Wettern
Den Schädel und die Brust zerschmettern;
Und ihre Herrlichkeit zu Staub!

Wär'

Lied einer Schweizerischen Obrigkeit.

Wär' Einer nur in unsrer Mitte,
Der für die schlimme Sache stritte,
Und Unrecht wüßt' und Unrecht litte;
Mit welchem Zornblick säh'n wir ihn!
Schnell soll ihn Schaam und Angst umfassen!
Stumm soll er da stehn und erblassen!
Eh, ungerochen den zu lassen,
Eh flöh'n wir all' ins Elend hin.

Wir sind der Seegen, nicht die Ruthe
Der Treuen, wollen nur das Gute;
Wir stammen all' aus einem Blute,
Sind alle gleicher Wünsche voll;
Beschworne Hüter grosser Rechte,
Sind wir nicht Herrscher; wir sind Knechte
Des Staats; verpflichtet, Tag' und Nächte
Zu wachen für des Landes Wohl.

Zwar Tag und Nacht dem Bösen wehren,
Der Wittwe Flehn, des Waisleins Zähren
Mit Wehmuth und Geduld erhören,
Ermüdet Leib und Herz und Geist.
Doch Wittwendank und Waisenlieder,
Gewissensruh und Glück der Brüder,
Das, das vergilt die Sorgen wieder,
Das stärket Leib und Herz und Geist.

Das, das ist unsre Lust und Zierde!
Dann, Kinder, bringen wir die Bürde
Der schweizerlich getragnen Würde,
Voll Freud in Euern Schoos zurück.
O glücklich wir, wenn ihr uns schützet,
Uns froh mit allen Kräften nützet,
Die Leib und Herz und Geist besitzet.
Groß ist auch des Gehorsams Glück!

❋❋❋❋❋❋❋❋❋❋❋❋❋❋❋❋❋❋❋❋❋❋❋❋❋

V. Lied einer glücklichen Republik.

Glücklich sind wir; singet Lieder!
  Höchster Herrscher, Dank sey dir!
Glücklich, gut und frey, ihr Brüder,
  Sagt, wo ist ein Volk, wie wir?

Friedlich wohnen wir beysammen,
  Keiner arm und keiner reich;
Schön, wie Zweig' aus einem Stammen,
  Einer Heerde Lämmer gleich.

Wer darf murren, oder trauern? —
— Jeglicher genießt sein Theil
Sicher. Inner unsern Mauern,
  Jedem Hause blühet Heil.

Lied einer glücklichen Republick.

Treu und Hülfsbegier und Freude
  Stehn in ewigem Vertrag;
Ja und Nein sind unsre Eide;
  Unser Bund ein Händeschlag.

Weh dem, — doch wir finden keinen,
  Der sich groß und fühllos macht!
Weint ein Bürger; alle weinen:
  Freut sich Einer; jeder lacht.

Riegel sind der Macht gestossen;
  Freyheit hält die Wage fest;
Keine Zähre wird vergossen,
  Von Tyrannen ausgepreßt.

Allzeit herrschet unter allen
  Landesvätern nur ein Sinn.
Tausend Bürgerherzen wallen
  Freudenvoll zu jedem hin.

Hülf' und Rath sind ihre Schätze;
  Huld und Einfalt ihr Gepräng.
Sie, die lebenden Gesetze,
  Keinem wie sich selber streng!

Uns das Leben zu versüssen,
  Flieh'n sie oft der Nächte Ruh;
Ordnung, Frieden, Seegen fliessen
  Uns aus ihrem Schoose zu.

Lied einer glücklichen Republick.

Und aus diesem quillet Leben,
  Haucht die Seuche Tod uns ein:
Schlägt der Himmel Feld und Reben;
  Unser ist Ihr Brod und Wein.

Tugendlehrer sind Exempel;
  Wahrheit strömt von Kanzeln aus;
Weiser, besser geht vom Tempel
  Jeder Bürger in sein Haus.

Schulen lehren Ordnung, Tugend,
  Fleiß und männlichen Verstand,
Bilden früh und leicht die Jugend
  Nur für Gott und Vaterland.

Muthbeseelende Gebräuche
  Wecken jede Geisteskraft;
Schön, wie frische Rosensträuche
  Blühen Kunst und Wissenschaft.

Jeder darf die Wahrheit lieben,
  Sicher gehn auf eigner Bahn;
Jeder jede Tugend üben,
  Die er üben will und kann.

Ferne sind uns weiche Sitten,
  Ausgefeilte Lüsternheit;
Nein! es wohnt in Schweizerhütten
  Einfalt und Genügsamkeit.

100 Lied für Schweizerbauern.

Goldbedeckte Königsknechte!
   Stralt des Thrones Glanz zurück!
Unser sind der Menschheit Rechte!
   Unser ist der Freyheit Glück!

Wir sind glücklich: Schallet Lieder!
   Höchster Herrscher, Dank sey dir!
Wir sind gut und frey, ihr Brüder,
   Sagt, wo ist ein Volk wie wir?

VI. Lied für Schweizerbauern.

✶ ✶ ✶ ✶ ✶ ✶

Vorbericht.

Die Helvetische Gesellschaft in Schinznach trug mir auf, ein Lied für Schweizerbauern zu verfertigen, worinn ihr vorzügliches Glück vor Bauern in monarchischen Staaten, in der Sprache der höchstmöglichen Einfalt, besungen werden sollte.

Sobald ich an diese Arbeit wollte, fiessen mir sogleich folgende Schwierigkeiten auf: Die Schweizerbauern sind sich selbst so ungleich, sowohl in Ansehung ihrer Freyheiten und Glücksumstände, als auch in Ansehung ihrer Denkens- und Lebensart; daß man vielleicht wohl ein Dutzend verschiedene Lieder für verschiedene Schweizerbauern machen könnte. — Für die wenige, die

Lied für Schweizerbauern.

etwa dem höchsten Ideal gleichkommen mögten, dürfte es kaum der Mühe werth, und gewiß der Absicht der Helvetischen Gesellschaft nicht gemäß seyn, ein besonders Lied zu verfertigen. Ich war also genöthigt, für den gröſſern Theil zu sorgen; das, was den meisten gemein ist, zusammenzunehmen, und manche schöne Besonderheit, die etwa den Democratischen Kantonen eigen ist, unberührt zu lassen; so daß, was ist dem nachstehenden Liede etwa an besondern Nationalschönheiten abgehen mögte, gewiß durch die Wahrheit der angeführten Vorzüge ersetzt wird.

Eine andere Schwierigkeit, mit der ich zu kämpfen hatte, war die Sprache. Für Leute, die nicht l e s e n können, kann man nicht s c h r e i b e n. Sehr viele Lizenzen und wirkliche poetische Schönheiten, die für den mittelmäßig belesenen Mann nicht die geringste Undeutlichkeit hätten, würden für den Bauern, wenigstens für die meisten, unverständliche Räthsel seyn. Dadurch sind dem Dichter die Hände sehr gebunden; er stehet immer in Gefahr an zwoen vorüberstehenden Klippen anzustoſſen, deren die eine, matte P r o s e, die andre, U n v e r s t ä n d l i c h k e i t ist. Es giebt aber noch ein Mittel: eine naive Prose, die ohne Figuren und Bilder stärker mahlt, und herzlicher spricht, als alle Bilder; in einem Dialect, den alle Menschenseelen verstehen sollten. Mögte ich diesen glücklich gebraucht haben.

Lied für Schweizerbauern.

Stimmet, wackre Schweizerbauern,
Stimmt ein Lied mit Freuden an!
Eins, das hinter Thor und Mauern
Keiner mit uns singen kann!
Keiner in den Königreichen,
Wo die Herren Sklaven gleichen,
Wo der Fürsten Stolz und Pracht
Aus den Bauern Bettler macht.

Wer ist so vergnügt, ihr Brüder?
Wer ist glücklicher als wir?
Lauft die Erde auf und nieder;
Keinen, keinen findet Ihr!
In den Dörfern, in den Städten;
Keiner ist so frey und reich;
Uns, wir könnten, Brüder! wetten,
Ist kein Bau'r auf Erden gleich.

Reich genug ohn einen Heller,
Glücklich auch im groben Zwilch,
Tragen wir in kühle Keller
Mutten voll von Nidelmilch;
Führen wir in Erndtetagen
Unsre hochgehäusten Wagen,
Bey der Abendröthe Schein,
Mit Gesang ins Tenn hinein.

Lied für Schweizerbauern.

Aller Pracht und Hoffart spotten
Schweizerbauern an dem Pflug;
Quellenwasser *), frische Schotten,
Käs und Brod ist uns genug!
Tragen wir auf braunen Nacken
Bürden frischgemähtes Heu;
Trieft der Schweiß von Stirn' und Backen,
O wie herrlich schmeckt ein Brey!

In dem federlosen Bethe
Kosten wir die schönste Ruh;
Eilen vor der Morgenröthe
Singend unsern Feldern zu;
Wissen nichts von Klag und Thränen,
Wir, die keinem Fürsten fröhnen;
Die wir alle, wie ein Kind
Bey dem Vater, sicher sind.

Wir, die wachend und im Schlafe
Bey den fetten Heerden stehn,
Eigne Kühe, Ziegen, Schaafe
Blöcken hören, grasen sehn:
Wir, die auf beblümten Matten,
Bald an Sonne, bald am Schatten,
Bald auf Bergen, bald im Thal
Freuden schmecken ohne Zahl.

---
*) oder, Anselmost und ...

Lied für Schweizerbauern.

Andre Bauern, was sie pflanzen,
Was sie auf- und angebracht,
Das verschmausen, das verbanzen
Fürsten oft in einer Nacht;
Fürsten, die sich Väter nennen,
Väter, die noch lachen können,
Sehn sie Bauern nackt und arm;
Väter! daß sich Gott erbarm'!

Wir nur pflanzen für uns selber;
Unser nur ist Feld und Weib';
Unsre Schaaf' und unsre Kälber
Mästen wir zu unsrer Freud';
Jedes eigne Sichel mähet,
Was er, nur für sich, gesäet;
Und für Fürsten triefet nicht
Unser Schweiß vom Angesicht!

Gott im Himmel sey gepriesen!
Er ist's, der uns glücklich macht;
Macht, daß uns in Feld und Wiesen
Alles blühet, alles lacht!
Er vermehrt uns unsre Heerden!
Er, Er ließ uns Schweizer werden!
Er, Er macht von Tyranney
Uns und unsre Kinder frey!

VII. Lied

VII. Lied für Schweizer,

die sich in den Wafen üben.

Der militärischen Gesellschaft in Zürich
zugeeignet.

Aus vollem Herzen sprechen wir,
Beym lauten Trommelton,
O Weichlichkeit, und Trägheit! dir,
Und Sklaverey! dir Hohn;
Und singen voll von Heldenlust,
Mit einem Mund, aus einer Brust
Ein militarisch Lied.

Er lachte laut beym Wafenklang
Der alte Schweizerheld,
Und lief mit jauchzendem Gesang
Ins panzervolle Feld,
Stand, wo die Freyheit ihm befahl;
Glut war sein Aug; die Stirn von Stahl,
Sein Fuß ein fester Fels.

Des Jünglings Sennen wurden stark
Beym Pflug am Sonnenschein;
Und Mäßigkeit goß frisches Mark,
Goß Muth in sein Gebein:
Sie sprachen laut zur Ueppigkeit:
„ Sey fern von uns! In Ewigkeit
„ Sind wir geschworne Feind'."

Es bebte Roß und Mann zugleich
Vor ihrer Säbel Blitz,
Und vor des hohen Armes Streich
Verstummte das Geschütz;
Ihr Fuß zertrat den Feind, wie Gras,
Den Schild von Erz, wie dünnes Glas,
Und Helme Blumen gleich.

Sie jagten allen Heeren nach,
Und tilgten ihre Spur;
Und, wer von grossen Helden sprach,
Der nannte Schweizer nur:
Manch Königreich und Fürstenthum
Erbebte vor der Helden Ruhm;
Und wünschte, sie zu sehn.

Sie lachten über Schmerz und Müh,
Und über Stolz und Pracht;
Dich, Freyheit! dich errangen sie
Mit Muth, und nicht durch Macht!

Ihr Arm, geübt in Friedenszeit,
War unermüdlich in dem Streit,
War unbesiegbar stets.

Drum schon im Frieden sich bewegt,
Wie in der Kriegesnoth!
Das schreckt die Feinde fern, und schlägt
Sie, wenn sie da sind, todt.
Das bringt dem Schweizer Ruhm und Preis;
Das, Brüder! treibt den Heldenschweiß
Vom offnen Angesicht.

Hieher, o Schweizer, froh und frisch!
Greif muthig zum Gewehr!
Hinweg vom gläservollen Tisch!
Vom Spiele weg! hieher!
Komm her! entschütte schweizerlich
Den jüngferlichen Sorgen dich,
Und koste Pulverrauch!

In Wafen üben wir uns hier,
Aus unbezahltem Trieb;
Und was wir schwitzen, schwitzen wir
Dem Vaterland zu lieb!
Was? sollte Spiel und Tanz und Wein
Uns halb so lieb als Freyheit seyn?
Nein! das erlebst du nicht!

Wir

Lied für Schweizer.

Wir achten Wind und Wetter nicht,
Nicht schwüle Sommerhitz;
Leicht ist das lästige Gewicht
Von Wafen und Geschütz.
Wir laden, eh man fünfe zählt,
Und schiessen, daß es wiedergellt,
Auf einmal, wie ein Mann.

Die Mutter und die Tochter schaut,
Wie wir so feste stehn;
Und Greiß und Väter sagen laut
Bey jedem Feuer: „Schön!"
Bey jeder Wendung: „Die war gut!"
Das, Brüder! schafft Soldatenblut
Und Schweizerdapferkeit!

Wer nicht am heissen Sommertag
Den Heldenvätern gleich,
Die Wafen munter führen mag,
Geh in ein Sklavenreich!
Wer feig im Friedensschatten sitzt,
Und bebt, wenn die Kanone blitzt;
Steht der im Schlachtfeld fest?

Wir, Brüder! so nicht! Nein im Krieg,
Da stehen wir voran;
Erfechten muthig Sieg auf Sieg,
Wenn er nicht athmen kann;

Stehn,

Stehn, wenn er vor dem Donnersturm
Weit flieht, und wenn er, wie ein Wurm
Sich tief im Staube krümmt.

Wenn uns ein Fürst beherrschen will,
So sprudelt unser Blut!
Doch alle Fürsten bleiben still,
Und fürchten unsern Muth;
Und lassen uns mit Frieden gehn,
So lang sie uns in Wafen sehn;
So dapfer und so stark.

VIII. Lied für Schweizerknaben,
die sich in den Wafen üben.

Den Waysenknaben zugeeignet.

Jugendliche Schweizerherzen!
Laßt uns mit den Wafen scherzen,
Und ins Feld des Friedens ziehn;
Bruder gegen Bruder stellen;
Niemals fallen, niemand fällen;
Alle siegen, keiner fliehn!

Lied für Schweizerknaben,

Blanker Degen an der Seiten!
Lerne schon im Frieden streiten!
Feuerrohr in unsrer Hand!
Lerne schnell wie Blitze blitzen,
Rechts um, links um treffen, schützen,
Feuern für das Vaterland!

Klatscht uns Schwestern! Lächelt, Mütter!
Wir sind Eurer Wohlfahrt Hüter!
Helfer sind wir in der Noth!
Laßt sie immer, treue Wafen!
Fröhlich wachen, ruhig schlafen!
Geht für sie mit uns zum Tod.

O! wie hat nach jenen Tagen
Unser junges Herz geschlagen!
Brust und Stirne war gestählt,
Wenn ihr früh die grossen Thaten
Grosser Stifter unsrer Staaten
Uns beym Spinnrad oft erzählt.

Freyheitschützer, Freyheitretter,
Helden waren unsre Väter,
Immer Helden, Sklaven nie!
Wenn Tyrannen sie bekriegten,
Kamen sie und sah'n und siegten;
Bleibet frey, seyd stark wie sie!

die sich in den Wafen üben.

Freyheit ströme, freye Brüder!
Heldenmuth in unsre Glieder;
Muth für jede ferne Schlacht!
Söhne seyd der Väter Ehre!
Lacht geübter Krieger Heere!
Lacht der zehnmal grössern Macht!

Sollten wir, wir Schweizerknaben,
Keine Schweizerherzen haben?
Heldensöhne Sklaven seyn?
Unser freygebornes Leben
Fürstenköpfen übergeben?
Brüder! ha! das wär nicht fein!

Zärtling! du magst ferne weichen!
Weg! wer Helden nicht will gleichen;
Laß uns Rohr und Schwert und Spieß!
Weg ihr seidne Tänzerfüsse,
Gleich Franzosen sein und süsse,
Weg und zäppelt nach Paris!

━━━◆

IX. Lied

IX. Lied für Schweizermädchen.

Vorbericht.

Man muß sich, um das nachstehende Lied aus dem rechten Gesichtspunkte anzusehen, vorstellen; daß es von Mädchen verfertigt sey, die der sehr unbeliebten Lebensart einiger ihrer Schwestern müde, sich derselben entrissen, und sich diejenige angewöhnt haben, die noch einigen Schweizermädchen in Demokratischen Kantonen eigen ist. Man wird den etwas muthwilligen Ton gegen verschiedene hochgepriesene Tändeleyen und gegen gewisse Grundsätze weder unnatürlich noch ekelhaft finden können, wenn man den gar zu grossen Kontrast dieser beyden in einem Vaterlande wirklich herrschenden Lebensarten selbst siehet. Jeder geringre Grad von Laune und jede delikatere Art zu scherzen würde für die Personen, denen dies Lied in den Mund gelegt wird, unnatürlich seyn. Von der Versart muß ich noch sagen; daß sie mich, wenn man auf ihren Haupton Acht hat, zu dem Innhalt und Geiste des Liedes sehr schicklich dünkt, wenn sie gleich die beynahe unausweichliche Unbequemlichkeit mit sich führt, daß der dritte weibliche Reim bisweilen zu sehr verräth, daß er ängstlich gesucht worden. Mich dünkt aber, man dürfe dem schicklichen Haupttone eines Liedes allemal einige kleine Schönheiten, wenn es nicht anders seyn kann, aufopfern.

Schwe-

Lied für Schweizermädchen.

Schwestern! singt in frohen Chören;
Singt, dem Vaterland zu Ehren,
Aechter Schweizerinnen Glück!
Laßt, der Einfalt zu gefallen,
Ein erfreulich Lied vor allen
Schweizerohren laut erschallen!
O wie wol ist uns, uns Freyen!
Singt und lacht der tausend neuen
Frauenzimmerkinderenen!
Wen vergnügt ein Liedchen nicht,
Das von Freud' und Unschuld spricht?

Weibliche Pariserinnen
Mögen nur auf Moden sinnen,
Tag und Nacht und spät und früh;
Mögen unsrer Einfalt lachen,
Hunderttausend Siebensachen
Sich zur Freud' und Kurzweil machen;
Arbeit ist für uns gesünder!
Auch wir Mädchen sind nicht minder
Als die Knaben Heldenkinder!
Fließt nur unter Wamms und Hut,
Nicht in uns auch Schweizerblut?

Laßt doch hinter Jalousieen
Augen voller Wollust glühen;
Alles Gold und Seide seyn!

Lied für Schweizermädchen.

Eure Liqueurs mögt ihr trinken!
Mögt verliebt und süßlich winken,
Mögt die blaßen Wangen schminken!
Alte Tracht und alte Sitten
Sind in unsrer Väter Hütten
Euch zu Trutze wohl gelitten!
Blumen nur sind unsre Zier;
Milch und Wasser trinken wir!

Stets der alten Einfalt näher
Sind wir glücklicher und fröher,
Als die Jüngferchens beym Ball!
Laßt sie in den wärmsten Tagen
In dem Zimmer Handschuh tragen,
Ueber Hitz und Sonne klagen;
Wir, wir wollen auf die Höhen
Gern im groben Zwillich gehen;
Herzhaft an der Sonne stehen;
Werden gleich vom Felderbau'n
Schwestern! unsre Wangen braun.

Laßt von Hündchen und von Katzen
Manchen Abend sie verschwatzen,
Hart gepreßt von langer Weil;
Wenn sie an den Leckertischen
Fein verldumben, künstlich zischen,
Tändeln, lachen, Karten mischen;

Lied für Schweizermädchen.

Sitzen wir, wie Schweizerinnen
Schaarenweis mit muntern Sinnen
Bey der Kunkel; fingen, spinnen
Dapfer, bey der Lampe Schein,
Tief bis in die Nacht hinein.

Weg mit schönen Liebesmärchen;
Fern von uns ihr süssen Herrchen
Ohne Herz und ohne Hirn!
Adelerbliches Geblüte,
Seidne Westen, kleine Hüte
Fesseln noch kein frey Gemüthe:
Laßt euch ellenhoch frisiren, *)
Spiegelt goldne Tabatiren,
Täglich neue Garnitüren;
Euer Puppenangesicht
Lockt uns heut und morgen nicht!

Nur zu arbeitsfrohen Händen
Soll sich Herz und Auge wenden,
Wenn man unsre Liebe sucht;

*) Es versteht sich von selbst, daß diese Zeile, wegen der halbjährlichen Aenderung der Frisurmode, bey einer jeden etwanigen künftigen Ausgabe, verändert werden müßte, so sehr sich der Verfasser auch vorgesetzt hat, durch die Verbesserung der gegenwärtigen, allen künftigen Veränderungen, bestmöglich vorzubauen. — Itzt, bey dieser fünften Ausgabe, könnte man vielleicht sagen. — ellenbreit.

Lied für Schweizermädchen.

Nur zu unschuldsvollen Herzen,
Die mit Däpferkeit und Schmerzen
Ruhig, als mit Freunden, scherzen;
Nicht zu Reichen; nur zu Treuen;
Nicht zu Edeln; nur zu Freyen,
Die dem Vaterland sich weihen;
Redlich, klug, bescheiden, still
Sey, wer uns gefallen will!

Hand in Hand ihr Heldentöchter!
Hört's ihr künftigen Geschlechter!
Hört's, und seyd gesinnt, wie wir!
Spinnt und näht, und weidet Heerden!
Und laßt auf der ganzen Erden
Uns die beßten Frauen werden;
Töchtern, die die Wollust fliehen,
Söhne, die von Freyheit glühen,
Dir, Helvetien, erziehen!
Schwestern! das, nicht Stolz und Pracht
Ist's, was uns unsterblich macht!.

X. Lied auf den Meistertag zu Zürich.

Vorbericht.

Der Meistertag in Zürich ist derjenige Tag, an welchem sich alle Bürger auf ihren Zünften versammeln, um die Hälfte des Neuen Rathes zu besetzen, das ist, aus ihrer Mitte einen Vorsteher ihrer Zunft zu erwählen, der die Rechte und Freyheiten derselben schützen, und alle Staatsgeschäfte treulich besorgen soll. Die Neuerwählten heissen Zunftmeister. Es sind alle Jahre zween dergleichen Meistertage. Gemeiniglich werden die wieder erwählt, die schon vorher das Amt bekleideten. Und es kann auch nichts natürlicher und billiger seyn, wenn sie nämlich bereits unzweydeutige Proben ihrer Treu, vorzüglichen Klugheit, und uneigennütziger Vaterlandsliebe abgelegt haben — Damit aber bey dieser, für die Wohlfahrt des Staates sehr wichtigen Wahl keine Menschenfurcht oder Menschengefälligkeit Statt finde, und jeder sich destomehr angelegen seyn lasse, jede unredliche Privatabsicht und Leidenschaft aus seinem Herzen zu verbannen; so müssen alle Bürger, jedesmal vor der Wahl, einen feyerlichen Eid schwören, den zu wählen, den sie vor Gott und ihrem Gewissen für den Wägsten und Besten halten.

Lied auf den Meistertag zu Zürich.

Willkomm, willkommen tausendmal
Du Tag der neuen Meisterwahl!
Du schönster unsrer Tage!
Es singe, was in Zürich lebt,
Dem Tage zu, der ob uns schwebt,
Der Freyheit schönem Tage!

Theu'r sey uns unsrer Freyheit Bund!
Wir schwören's Gott mit Herz und Mund:
Den Besten nur zu wählen.
Nein! der ist nicht der Freyheit werth,
Der einen schlechten wählt, und schwört,
Den Besten nur zu wählen!

Schmach treffe dessen Angesicht
Der Eide schwört, und Eide bricht,
Vor Gott, in einer Stunde!
Er werd' ein Sklav der Tyrannen!
Und jeder Freund der Freyheit sey,
Sey feind dem falschen Munde!

O, wer die Hand zum Himmel hebt,
Der denk an den, der ewig lebt,
Den falschen Eid zu strafen!
Die Menschenfurcht sey von uns weit!
Der scheut sich nicht, der Gott nur scheut;
Der macht sich nie zum Sklaven!

Lied auf den Meißertag zu Zürich.

Es seh' sich jeder mit Vernunft
Und Freyheit um auf seiner Zunft,
Und prüfe still die Geister!
Und, wer der Wägst und Beßte ist,
Der wägste Bürger, beßte Christ,
Der, der sey unser Meister!

Er fürchte Gott, und heuchle nicht;
Voll Friede sey sein Angesicht;
Und himmelrein sein Wille;
Zur Arbeit stark sey seine Hand;
Ihn zier' ein männlicher Verstand,
Bescheidenheit und Stille!

Sanft, lieblich, treu und wohlvertraut,
Hab' er der Bürger Glück gebaut,
Und stets gesucht das Beste,
Vergessen sich, und Tag und Nacht
Mit Lust für unser Wohl gewacht,
Gewohnt der schwersten Läste.

Er sey dem Geiz von Herzen feind;
Sey mäßig, keusch, der Einfalt Freund,
Dem Wohlthun ganz ergeben;
Und allem Guten sey er hold;
Er schätze Freyheit mehr als Gold,
Und höher als sein Leben!

XI. Republikanisches Trinklied
für Bürger von Zürich.

Vorbericht.

Nachstehendes Lied ist eigentlich zum Gebrauche der Bürger von Zürich, bey ihren öffentlichen Mahlzeiten auf den Zünften, an dem Meißtertag, oder sonst an denen Tagen, wo ein neuerwählter Zunftmeister seine Ehrenmahlzeit giebt, eingerichtet. — Leser, die nicht Zürcher sind, mögen es also überschlagen; und Zürcher mögen daraus lernen, daß man vernünftig trinken, und vernünftig singen, und doch recht sehr dabey vergnügt seyn kann. —

Damit aber die verschiedenen Gesundheiten, die in diesem Liede angebracht werden, nicht ein Anlaß zum unmäßigen Gebrauch des Weines seyen; so sollte auf einer Zunft nur ein Becher herumgeben, und, wenn eine Strophe abgesungen ist, nur Einer trinken. — Zuletzt nähme der Neuerwählte den Becher, aus dem vorher die Zunftgenossen getrunken haben; dann stühnden alle auf, und schlügen mit ihren besondern Gläsern an, und tränken ihm, bey Absingung der letzten Strophe zu; worauf er dann, unmaßgeblich, die am Ende des Lieds stehende Antwort ertheilen könnte.

Republikanisches Trinklied

In guter Eintracht sind wir hier,
Wir Bürger, Freunde, Brüder!
Aus einem Becher trinken wir,
Und singen Schweizerlieder!
Wir bringen *) uns in freyer Ruh
Gesundheit und Vergnügen zu:
Lebt, liebe Brüder, lebet!

Gut ist der Landwein, hell und frisch,
Macht frölich Aug und Herzen,
Und hilft uns izt am Bürgertisch
Republikanisch scherzen.
Schenkt, Brüder! keinen fremden Wein
Auf unsrer Stadt Gesundheit ein;
Der Stadt an Traubenbergen!

Und den, der auch von Zürcherwein
Berauscht, fängt an zu zanken,
Und trinkt bis in den Tag hinein,
Bis Haupt und Kniee schwanken,
Mit Stühlen poltert, Gläser bricht;
Und geil vor keuschen Ohren spricht;
Den treffe Spott und Schande!

---

*) Dieß ist der eigentliche schweizerische Ausdruck beym Gesundheittrinken.

Des Weines mäßiger Genuß
Entflammt kein wildes Feuer;
Die Nüchternheit, nicht Ueberfluß
Macht freye Seelen freyer!
Hier sitzen wir zunftbrüderlich!
Der wend' aus unsrer Mitte sich,
Der Fried und Ordnung störet!

Der geh' uns aus dem Angesicht,
Der nur der Freyheit heuchelt!
Der trinke mit uns Freyen nicht,
Der reichen Sklaven schmeichelt!
Wie glücklich sind wir, Brüder! doch,
Daß wir befreyt von jedem Joch,
Zum Wol des Landes trinken!

Wir seyen arm, wir seyen reich,
Der Grosse, wie der Kleine,
Sind Brüder, sind sich alle gleich,
Der Edle, der Gemeine!
Uns bindet all' ein heilig Band!
Wir leben nur für's Vaterland!
Das Vaterland soll leben!

Wir bringen's unsrer Obrigkeit!
Es leben unsre Väter!
Zum Schutze der Gerechtigkeit,
Zur Furcht dem Uebertreter!

Trinklied für Bürger von Zürich.

Wir bieten, unter ihrem Schutz,
Dem Laster und dem Feinde Trutz,
Und lieben sie, wie Kinder!

Gesundheit Dir! du Vaterstadt!
Und jedem brafen Zürcher!
Wer lieb die liebe Freyheit hat,
Den seegnen alle Bürger!
Wer nur des Staates Nutzen sucht,
Stolz, Pracht, und Ueppigkeit verflucht;
Den Ehrer der Gesetze!

Heil! tausendmal Heil! Lehrer Dir!
Steh auf und bring Ihm's, Jugend!
Hör's! auf dein Wolseyn trinken wir,
Du Vorbild jeder Tugend!
Noch lange sey dein Unterricht
Des Herzens Kraft, des Geistes Licht,
In Häusern, Tempeln, Schulen!

Wer, wenn der Tag an Himmel stößt,
Zur Arbeit munter eilet,
Und seine Werkstatt nie verläßt,
Bis Tag und Nacht sich theilet;
Der lebe lang mit Weib und Kind;
Und sein gesegnetes Gesind
Lieb' ihn als einen Vater!

Trinklied für Bürger zu Zürich.

Vergessen wirst Du Landmann nicht!
Heil Dir und deinem Werke!
Heil deinem Schweiß im Angesicht!
Gesundheit Dir und Stärke!
Das Brod auf unserm Tisch ist dein!
Und deines Berges unser Wein!
Nähr uns noch viele Jahre!

(Alle miteinander stehen auf.)

Steht auf! Zunftbrüder! Schlaget an!
Es gilt dem Neuerwählten!
Er sey und bleib ein Biedermann,
Den jedermann läßt gelten!
Ein Mann, der keine Pflicht vergißt,
Ein Held, ein Weiser und ein Christ!
Dann soll Er ewig leben!

Antwort des Zunftmeisters.

Dank, Brüder! Dank! Euch bin ich ganz
Mit Leib und Seel' ergeben!
Ich will zum Heil des Vaterlands,
So lang ich lebe, leben!
Sey Zeuge, Becher in der Hand!
Daß ich hier schwur, fürs Vaterland
Zu leben und zu sterben.

XII. Lied der Demokratischen Kantone

bey ihrer jährlichen Landsgemeine.

Auf! freyes Volk! versammle dich!
Und tretet, Brüder, brüderlich
Ins friedliche Getümmel!
Der Jüngling und der alte Mann,
Wer kommen soll und kommen kann,
Komm unter freyen Himmel!

Seht auf zu Gott mit frohem Blick!
Empfindet ganz der Freyheit Glück;
Und braucht's mit Dank, ihr Brüder!
Der Gott, der uns der Freyheit Stab
Aus Huld in unsre Hände gab,
Nimmt sonst aus Zorn ihn wieder.

Tumulte fern! — o macht ein Kreuz
Vor Eifersucht und Stolz und Geiz
Und vor verbotner Gabe!
Nicht sey uns unsers Landes Heil
Um viel noch wenig Cronen *) feil,
Und nicht um alle Haabe!

*) Reichsthaler.

Lied der demokr. Kantone.

Besetzet redlich jeden Stand!
Sorgt väterlich fürs Vaterland,
Und schwört auf die Gesetze!
Auf Ordnung ruht des Staates Macht;
Drum gebt, o Wächter, treulich Acht,
Wer treulos sie verletze!

Und du, Schwert der Gerechtigkeit! *)
Sey heute, und sey allezeit
In Patrioten Händen!
Und jeder freye Landmann soll
Rechtschaffen, treu, und ifervoll
Des Landes Schaden wenden!

Wer uns was Gutes rathen kann,
Steh auf bescheiden, zeig es an!
Das Vaterland will hören.
Heil jedem, der es redlich meint!
Laßt, Brüder! jeden Freyheitsfreund
Uns, wie die Freyheit, ehren!

―――――――――――――――――――

*) Der Landammann hält ein grosses Schwert in der Hand.

XIII.

XIII. Lied eines schweizerischen Geistlichen.

Auch ich will meine Stimm' erheben,
Fürs Vaterland, das mir mein Leben
Und mit dem Leben Freyheit gab.
Ich soll zum Glück der Ewigkeiten
Die mir vertrauten Seelen leiten;
Doch leg' ich nicht die Menschheit ab.

Nein! Menschheit ist des Menschen Zierde!
Was? — Knechtschaft soll mir keine Bürde,
Und Freyheit mir kein Seegen seyn?
Zum Himmel darf ich dankbar blicken,
Wenn Brod und Milch mein Herz erquicken;
Und, Freyheit, die, soll mich nicht freun? *)

Zu Gott auf flehen meine Hände,
Daß er von uns sein Aug nicht wende;
Und voll Gebeth ist Herz und Mund:
„ Laß Einfalt, Friede, Freyheit blühen
„ Und Treu durch unsre Thore ziehen!
„ Und ewig fest sey unser Bund!"

Laut

---

*) Einige Vorurtheile machen diesen Eingang nothwendig.

Laut will ich von der Kanzel schreyen;
„ Nein! Redlichkeit wird nie gereuen,
„ Und Einfalt ist der Seele Zier!
„ Seyd Brüder! hütet euch, zu kränken
„ Die, was Ihr denkt, nicht alles denken,
„ Doch treue Schweizer sind, wie Ihr!"

Noch mehr soll sie mein Beyspiel lehren,
Die alte liebe Einfalt ehren,
Und Fleiß, und frohe Nüchternheit.
„ Sich selbst, sein Herze zu besiegen,
„ Ist Heldenmuth und bringt Vergnügen;
„ Der Freyheit Gift ist Weichlichkeit!"

Treu will ich sie in allen Pflichten
Rechtschaffner Schweizer unterrichten,
Will ihnen manchen Abend weyhn,
Sie lehren, wie der Väter Rücken
Viel treue Sorgen niederdrücken,
Nur, daß wir gut und glücklich seyn.

Das sollen meine Schaafe wissen;
Sie sollen sie als Kinder küssen,
Gehorsam, dapfer, treu und still;
Auf Berg und Thal den Vätern singen;
Ihr Blut für sie zum Opfer bringen,
Wenn jemand sie verletzen will.

Und

Lied eines schweizerischen Geistlichen.

Und sitz' ich auf begraster Erde,
So eilen Schaafe meiner Heerde
Zu ihrem Hirten froh herbey.
„Hört! wie die alten Schweizer waren!
„Im Glück bescheiden; in Gefahren
„Wie Löwen stark, wie Brüder treu!

„Wie war die Freyheit ihnen theuer!
„Mit welcher Treu, mit welchem Feuer
„Erkämpften sie sich, Kinder, die!
„Im Fasten streng, Feind' alles Bösen,
„Flehn sie: Gott! eil' uns zu erlösen!
„Und Gott, ihr Gott, erlöste sie."

Die Heldenthaten zu erneuern,
Will ich mit ihnen Feste feyern,
Und herzlich singen vornen an.
Ich will sie bis zu Thränen rühren,
Auf's Schlachtfeld Mann und Jüngling führen,
Wo diese Thaten einst geschah'n.

Und unter sie hin will ich stehen,
Wenn Feinden sie entgegen gehen,
Will rufen: „Tapfer in der Schlacht!
„Auch ich, ich will mit Euch hinziehen,
„Nicht im Gefechte von Euch fliehen,
„Und für Euch bethen Tag und Nacht.

„Und

„ Und lieſſet Ihr mich nicht mitſtreiten,
„ So ſoll mein Seegen Euch begleiten,
„ Mein Troſt bey Euern Kindern ſeyn;
„ Die Schweſter ſoll nicht ängſtlich klagen;
„ Zum Säugling ſoll die Mutter ſagen:
„ Gott wird dem Vater Sieg verleihn!

„ Und, welchen Jubel, welchen Seegen
„ Sing ich Euch, Kinder, erſt entgegen,
„ Kommt Ihr als Sieger bald zurück!
„ Mit welchem ſtrömenden Verlangen,
„ Wie will ich, Helden, Euch umfangen!
„ Mit welchem Lied! mit welchem Blick!

„ Ich, und das jauchzende Begleite,
„ An meiner Hand, an meiner Seite;
„ Dort Kinder, frohe Bräute hie!
„ Heil Euch! Ihr habt für uns geſtritten,
„ Und viel gewagt und viel gelitten!
„ Wie danken wir Euch, Helden! wie?"

Doch! Gott wird unſers Friedens hüten,
Wird Krieg und Feinde weggebieten,
Wenn Tugend meine Schaafe ziert.
Die, die will ich ſie täglich lehren,
Will, wo ich kann, dem Böſen wehren,
Das Elend, Feinde, Krieg gebiehrt.

Lied eines schweizerischen Geistlichen.

Mit allen soll mein Herz sich üben,
Die Menschen, Feinde selbst, zu lieben,
Und jeder Nothgedrückte soll
An uns nicht träge Tröster finden;
Eh Zank und Eifer sich entzünden,
Umarm' ich jeden langmuthvoll.

Auch Fremden, die bey uns durchreisen,
Lehr ich sie Gutes nur erweisen:
„ Erquickt, beherbergt, leitet sie!
„ Nehmt von dem Armen keinen Kreuzer,
„ Daß jeder sage: Nein! wie Schweizer
„ So gute Leute sah ich nie!

So will ich meine Lämmer weiden
Bey wahrer Tugend, wahren Freuden,
Die Gott dem frommen Schweizer gönnt.
Weg, träge Brüder, mit der Klage:
Es sind nicht mehr die alten Tage!
Geht hin und thut, so viel ihr könnt.

XIV.

XIV. Abschiedslied an einen Schweizer,
der auf Reisen geht.

Vorbericht.

Die meisten jungen Schweizer, die Geld haben, reisen; und reisen nicht in der Schweiz herum, sondern in Frankreich oder Deutschland; nicht mit moralischen oder wirthschaftlichen Absichten; — sondern um Geld zu verthun, weil andre, denen sie in Ansehung des Reichthums gleich sind, und in Ansehung des Reichthums gleich seyn wollen, vor ihnen gereiset, und so und so viel Geld verthan haben; und weil sie, es koste was es wolle, sich auch jenen Parisischen Petitmaitreair erkaufen wollen. — Wenn diese weitgeöfnete Quelle des Verderbens in meinem Vaterlande nicht verstopft wird, so verzage ich an dem glücklichen Fortgange aller Verbesserungsvorschläge; und wenn Lieder von der Art des nachstehenden, (besser dürfen sie freylich seyn) im Ernste von treuen Freunden in den Stunden, die ein reisefertiger Schweizerjüngling unmittelbar vor seiner Abreise, bey ihnen zubringt, ihm zugesungen, ohne alle gute Wirkung in dieser Absicht sind, so verzage ich auch an der Wirksamkeit aller vorgeschlagenen Verwahrungsmittel gegen diese Seuche. — Schweizerjünglinge! singt dergleichen Lieder allen euren Freunden zu, die feyrlich von euch Abschied nehmen, wenn sie

ihre

Vorbericht.

ihre Reisen anzutreten im Begriffe sind! Gönnet mir die Freude, liebe Brüder! der Tugend und dem Vaterlande einige edle, aber dem Verderben der grossen Welt noch zu leicht besiegbare Herzen, durch diesen Vorschlag zu erretten. — Ich habe noch wenige Jünglinge gesehn, die nicht höchstwahrscheinlich v i e l besser, wenigstens in ihrem Herzen viel ruhiger wären, wenn sie Paris nie gesehn hätten.

* * * *

Nimm, Bruder! unser Lebewohl,
   Und schlage Hand in Hand,
Und reise, wie man reisen soll,
   Im Schweizeralpenland!
Fühl auf der Berge stolzem Haupt
   Der tiefen Thäler Glück;
Die Freyheit, die kein Neid uns raubt;
   Und Freude sey dein Blick.

Schau die Natur mit Ehrfurcht an;
   Steh still im Feld der Schlacht;
Was deine Väter da gethan,
   Das, Bruder, das betracht!
Da dank dem Herrn auf deinem Knie
   Und sing der Helden Muth!
Sprich! Ich vergösse stark, wie sie,
   Für Freyheit heut mein Blut.

Abschiedslied

Das Schlachtfeld höret dein Gelübd,
  Und die Natur mit Lust:
Wer redlich Recht und Freyheit liebt,
  Dem glüht es in der Brust.
Steh von den schönen Thränen auf;
  Und gehst Du weiter fort,
So such die bräsften Schweizer auf,
  Und horch auf jedes Wort.

Lern jedes freyen Staates Recht,
  Der steht im Schweizerbund;
Und lieb sey Dir, wer recht und schlecht
  Mit Herz ist und mit Mund.
Bewundre Stärk' und ehre Fleiß,
  Der rohe Felder pflügt,
Und, trieft wie Thau sein heisser Schweiß,
  Gesund ist und vergnügt.

Laß Dir sich nicht die Neugier nahn,
  In Reiche hinzugehn,
Um auch, wie andre Herrchen sahn,
  Monarchenpracht zu sehn.
Du lernst das Wohl des Vaterlands
  Beym Spiel nicht und beym Scherz!
Veracht, o Schweizer! Fürstenglanz,
  Und Lust an nahem Schmerz.

Ver-

an einen reisenden Schweizer.

Vergiftet wird dein Schweizersinn
  Von Monarchieenluft!
Der Sitten Einfalt ist dahin,
  Wo alles Wollust! ruft;
Ist dir dein Vaterland nicht gnug;
  So bist du sein nicht werth;
Nicht werth, daß dich ein Schweizerpflug
  Aus freyem Boden nähret.

Nein! setze keinen Fuß hinein!
  O wende deinen Blick!
Schau an dein Herz! und sey nicht klein!
  Und eile schnell zurück!
Horch auf des Weichlings Stimme nicht!
  Gezweifelt ist gewagt!
Ach! von der Lust, die er verspricht,
  Wird seine Brust zernagt.

Doch lachst du des getreuen Raths;
  So opfre, wo du willt,
Den Götzen eines Königsstaats,
  Den Sklaverey erfüllt!
So sey ein Narr mit deinem Gold,
  Und geh nicht mehr zu Fuß,
Daß laut mit dir dein Wagen rollt,
  Und alles weichen muß.

Abschiedslied

Bewundre hochfrisirtes Haar,
    Heyduck und Liberey,
Der Grafen und Baronen Schaar,
    Und Leibwach' und Lackey;
Und drücke den Pariserhut
    Tief auf die Augen ein;
Laß jeden Tropfen Schweizerblut
    Dir Gift im Leibe seyn!

Schau, wie ein König von dem Thron,
    Auf deine Freund' herab!
Schenk deinem Dienerchen mit Hohn
    Den Schweizerwanderstab!
Mach Miene, als verstühndest du
    Zu leben in der Welt;
Und schreibst du noch dem Vater zu;
    So schreib ihm nur um Geld!

Komm dann zurück, ein armer Tropf,
    In allerneuster Tracht,
Ein gaukelnder Franzosenkopf,
    Und schwatz uns viel von Pracht,
Von Spiel und Oper und Concert,
    Und von des Königs Stern,
Wie seinem Wagen, seinem Pferd
    Sich alles neige fern.

Was du für Kutschen sonst gesehn;
  Wie manchen Bildersaal;
Wie am Pallast Palläste stehn,
  Und Gärten ohne Zahl; —
Wie man den Pöbel dort nicht mehr,
  Kaum achte, wie den Koth;
Lach unsrer Freyheit laut, und schwör:
  „Ich bin kein Patriot!" *)

So weinen wir erst, Freund! um dich,
  Und dann verachten wir!
(Denk, Bruder! denk, wie brüderlich
  Wir um dich standen hier)
So rufen wir lauthöhnisch: Ha!
  Der will kein Schweizer seyn!
Seht die Pariserpuppe da
  Mit ihrem Tänzerbein!

Doch, pfuy! klapf uns in die Hand,
  Und schwör auf deine Treu;
Daß immer dir dein Vaterland
  Lieb, wie die Freyheit, sey!
Und komm, unschuldig, wie du bist,
  Durch neue Tugend groß,
Ein Schweizer noch, und noch ein Christ,
  Zurück in unsern Schoos.

Nun,

---
*) Man findet den Schlüssel zu dieser Stelle in dem ehemaligen Erlanerer, im 3ten Bande, im ersten Stück, und hin und wieder.

Nun, lebe wohl! Gott geh mit dir;
  Steh in Gefahr dir bey!
Freund! deine Freunde bleiben wir;
  Bleibst du der Tugend treu.
Ja, wir sind deiner Treu gewiß!
  Umarm uns inbrunstvoll;
Den letzten Handdruck, nein vergiß,
  Nein den nicht! Lebé wohl!

✚✚✚✚✚✚✚✚✚✚✚✚✚✚✚✚✚✚✚✚✚✚✚

Patriotische
Krieges- und Sieges-Lieder.

- - Mares animos in Martia Bella
  verſibus exacuo. - -

Vorbericht.

Möchte die göttliche Fürsehung die traurigen Tage auf ewig entfernen, wo dieſe Lieder mit den erforderlichen Abänderungen, nützlich ſeyn könnten! ⸱ ⸱ ⸱ Denn, ſo groß auch immer der Nutzen wäre, den ſie vielleicht meinem Vaterlande verſchaffen könnten; ⸱ ⸱ Der Nutzen kann niemals recht erfreulich ſeyn, der mit Menſchenblut bezahlt werden muß. —

Erstes Kriegeslied.

Nun dann, weil sich der Feind empört,
Nach Blute schnaubet und verheert,
Auf! Schweizer! auf mit Rohr und Schwert!
Schlagt, feu'rt, bis er nach Hause kehrt.

Herz! Gebt dem Kummer kein Gehör!
Euch schrecke nicht sein grosses Heer!
Nicht Rosse, Panzer, nicht Gewehr!
Ihr schlagt ihn, und er ist nicht mehr!

Schreckt mit dem Schweizerwafenglanz
Ihn fern her! dringt durch jede Schanz!
Zur Rettung unsers Vaterlands
Verjagt ihn weit; zerstört sie ganz!

Und denkt beym Donnerton der Schlacht
Mit Zuversicht an jene Macht,
Die über dapfre Schweizer wacht,
Und ihrer stolzen Feinde lacht.

Sie daure kurz, sie daure lang;
Der Sklav ergiebt sich fremden Zwang:
Des Vaterlandes Untergang
Entflammt uns: Helden wird nicht bang!

Erstes Kriegeslied.

Was ist ein plötzlich tödtend Erz,
Fürs Vaterland? — Ein kurzer Schmerz.
Herz! dapfer! Schweizerhelden! Herz
Im Kampfe! Niemals hinterwärts!

Ihr fühlt der Kriegeswunden Weh
Für Euch und für Nachkömmlinge;
Drum, wenn es noch so donnerte;
Kämpft! Ihr kämpft nicht für Könige!

Und, siegt Ihr; seyd Ihr sicher; — ruht,
Besiegt den Anfall wilder Wuth!
Des Feindes Blut ist Menschenblut;
Und Mordlust ist nicht Heldenmuth.

Zweytes Kriegeslied.

Die kriegrische Trompete tönt,
　Und ruft uns hin ins Feld,
Wo sich der Feind, der stolz uns höhnt,
　Zu den Kanonen stellt.

Vereinigt, Schweizer, Herz und Hand!
　Und laßt den Feind nicht ein!
Soll Freyheit uns, soll Vaterland
　Nicht ewig theuer seyn?

Seyd

Zweytes Kriegeslied.

Seyd Helden, gleich der Heldenschaar,
  Die Freyheit uns erwarb,
Und nicht vom Platz zu schrecken war,
  Sie siegte oder starb!

Das Blut, das sie für Euch vergoß,
  Sey ewig heilig Euch!
Sie waren dapfer, frey und groß:
  O seyd den Vätern gleich!

Wenn alles zittert, Schweizer! Steht!
  Das Blut fließt; Stehet fest!
Und kämpft und wißt: wer kämpft und steht,
  Daß Gott den nicht verläßt.

Sey dapfer Heldenarm im Streit!
  Nicht unser Blut zu theu'r!
Wenn alles uns zu tödten drdut,
  Gebt Stirn' und Augen Feu'r!

Dein, Vaterland! ist unser Herz!
  Und über dich nur Gott!
Zu bitter ist für dich kein Schmerz,
  Und schön für dich der Tod!

Weint, Kinder, uns nicht, jammernd, nach!
  Wir Schweizer bleiben frey!
Bald kehrt sich Euer Weh und Ach
  In lautes Siegsgeschrey!

Und

Und kommen wir nicht bald zurück;
  Die Siege kommen doch:
Und, sterben wir; — Kein trüber Blick! —
  Die Freyheit, die lebt noch!

XVII. Schlachtlied.

Der Feind ist da mit Roß und Wagen!
Muth! Schweizer! Muth! Fern Furcht und
  Zagen!
Euch wird er, schlagt Ihr ihn nicht, schlagen!
Doch, nein! sterbt oder siegt!
Er blähe stolz sich auf und lache!
Er kennt noch nicht der Schweizer Rache;
Seyd stark! Gott hilft der guten Sache;
Und, winkt Gott nur, er liegt!

Wenn zehentausend Schwerter blinken,
Und wenn zur Rechten und zur Linken
Zehntausend auch zu Boden sinken,
So haltet, Schweizer, Stand!
Und wenn wir selber sinken müssen,
Zerquetscht von Bley, durchbort von Spiessen:
Laßt Heldenblut in Strömen fliessen;
Es fließt für's Vaterland!

  Wenn

Wenn Euer Muth je wanken möchte;
Denkt an die künftigen Geschlechte!
Ihr werdet und sie werden Knechte;
Spart ihr das letzte Blut!
Drum kämpft und steht wie angekettet!
Kämpft! Steht wie Felsen! Kämpft und rettet
Das Vaterland, das für Euch bethet!
Zeigt, Heldensöhne, Heldenmuth!

XVIII. Erstes Siegeslied.

Singt laut! Singt laut, und jubilirt!
    Macht Gottes Hülfe kund!
Wir siegten! dankt ihm! triumphirt!
    Dankt, dankt mit Herz und Mund!

Ihr Trommeln, ihr Trompeten her!
    Tönt, daß der Himmel hall'!
Ertönt zum Lob! zum Krieg nicht mehr!
    Ertöne Paukenschall!

Der Herr, der Sünde-Rächer, will; —
    Schnell donnert laut der Krieg!
Er spricht; — schnell schweigt der Donner still;
    Und alles ist voll Sieg!

Dank

Erstes Siegeslied.

Dank sey der Huld, die unser schont',
  Und Hülf' und Sieg gebot!
Dank! Er nur, der im Himmel thront,
  Nur Er ist unser Gott!

Hört's, Alpen! hört's! wir bleiben frey!
  Hall' wieder Jubelton
Ins Thal: — die Schweizer bleiben frey!
  Nicht Einer ist geflohn!

Der Feind ist weg! Sein Stolz am Staub!
  Gott bog den Nacken ihm,
Und jagt' ihn, wie der Wind ein Laub,
  Und rächte seinen Grimm.

Kanonen, rasselt nun zurück!
  Steht, Mörser, lang in Ruh!
Euch folgt nicht mehr der Thränen Blick;
  Man jauchzt Triumph. Euch zu!

Kehr in die Scheide, Schweizerschwert,
  Das Heldenthaten that!
Und bleib, so lang die Erde währt,
  Im Zeughaus unsrer Stadt!

Triumph! befreytes Vaterland!
  Empfang uns mit Gesang!
Triumph! erhebe deine Hand
  Mit uns zu Gott, und dank.

XIX.

XIX. Zweytes Siegeslied.

Feind! wie bist du schnell geflohn?
   Tod war hinter dir!
Zagen wurde bald dein Drohn!
   Herrlich siegten wir!

Wisse, daß ein treuer Gott
   Ueber Treue wacht,
Und der stolzen Heere Spott
   Himmelab verlacht!

Er zerbrach das Sklavenjoch,
   Hörte das Geschrey
Unsrer Kinder; (Lachst du noch?)
   Macht' uns alle frey!

Er gab unsern Herzen Muth,
   Stärke unsrer Hand!
Kostbar war ihm unser Blut!
   Theurer Stadt und Land!

Singe Mann, und weyne Weib!
   Weyne Freud' und Lob!
Hüpfe Kind in Mutterleib!
   Säugling! lächle drob!

Jauch-

Jauchze künftiges Geschlecht,
  Daß der Feind nun liegt!
Für Dich flammte das Gefecht!
  Für dich ward gesiegt!

XX. Gebethlied eines Schweizers.

Sey gelobt und angebethet,
Unser Vater! Dank sey Dir!
Hätt' uns nicht dein Arm errettet;
Unterjochet seufzten wir!
Flammte noch der Grimm der Vögte,
Den gelöscht der Väter Treu;
Drängten Fürsten uns, wer mögte
Tragen dieses Joch von Bley?

Aber; der Bedrängten Flehen
Hörtest Du, o Herr der Welt!
Ihre Noth hast Du gesehen;
Ihre Thränen Du gezählt;
Säumtest nicht, sie frey zu machen,
Zogst mit Heldenkraft sie an,
Du gabst Löwenmuth den Schwachen,
Daß sie Licht im Dunkeln sahn.

Gebethlied eines Schweitzers. 147

Ihre Feinde tobten mächtig;
Zahllos war ihr Mordgewehr;
Wie ein Waldstrom wild, und prächtig,
Rauschte hoch daher ihr Heer.
Ruhig sahn es unsre Väter,
Weil mit ausgestreckter Hand
Der Erhörer der Gebether
Still bey ihrem Banner stand.

Er, Er haucht' im Blutgewitter
In die Schweizernerven Kraft!
Du, Herr, Herr, zerbrachst zu Splitter
Ihrer Eisenspeere Schaft!
Von zehntausend blieb kein ganzer;
Helden jagtest du, wie Laub,
Tratest Helm' und Büsch' und Panzer
Tief in blutbeströmten Staub.

Alle traf des Stolzes Strafe. —
Du, der Väter Schild und Fels,
Gott! Du führtest sie, wie Schaafe,
Gleich den Söhnen Israels!
Du verknüpftest sie zusammen,
Wie ein festes Pfeilgebund,
Machtest durch sie deinen Namen,
Deine Treu und Stärke kund.

Gebethlied eines Schweizers.

Freyheit stieg von deinem Throne,
Gleich dem Frühling schön, herab!
Eintracht war der Göttinn Krone;
Sittsamkeit ihr Hirtenstab!
Viele tausend Herzen sangen
Voll Triumph entgegen ihr;
Jedes Herz, das sie umfangen,
Jede Zunge dankte dir!

„Ewig soll ihr Licht euch glänzen;"
Sprachst du; „bleibt der Freyheit werth!
„Inner Eurer Berge Gränzen
„Blitze keines Feindes Schwert!
„Wollten Fürsten Euch bestürmen;
„Mach ich Euch vor Fürsten groß!
„Ich bin da, Euch zu beschirmen;
„Zärtlich trag' ich Euch im Schooß."

Hoch hast du uns, Herr, umschanzet;
Hast, zum Trutz der kühnsten Macht,
Felsen um uns her gepflanzet;
Auf den Felsen du gewacht!
Werden wir und unsre Kinder
Deiner Huld uns dankbar freun;
Wirst du unser Gott nicht minder,
Als der Gott der Väter seyn.

Gebethlied eines Schweizers.

Täglich läßt du Seegen thauen,
In das Thal und auf die Höh!
Du bekleidest Feld und Auen
Hoch mit Blumen, Korn und Klee!
Du, du zierst mit fettem Viehe
Matten, Wälder, Berg und Thal;
Mehrest unsre Schaaf' und Kühe,
Unsre Kinder tausendmal!

Dank sey dir von uns gesungen,
Der uns aus dem Staub erhob!
Herr, auf allen Schweizerzungen
Ueberfliesse laut dein Lob!
Dank mit jeder Morgenröthe
Vater, dir! Am Silberbach
Danke dir des Schäfers Flöte,
Und sein Felsen dank' ihr nach!

Und im Blumenthal ertöne
Laut die dankende Schallmey!
Väter dankt, und danket Söhne!
Mütter dankt ihm! Wir sind frey!
Unsre Kinder, unsre Brüder
Nimmt kein König uns vom Pflug.
Gott entjocht' uns! Singet Lieder!
Niemals singt ihr ihm genug!

Gebethlied eines Schweizers.

Danket! bethet: Vater wache!
Knüpfe fest der Eintracht Band!
Unser Heil ist deine Sache!
Dein ist unser Vaterland!
Du weist, aller Staaten Kenner!
Alles, was uns nützt und fehlt!
Send uns weise, dapfre Männer,
Die der Tugend Glut beseelt!

Männer, reich an Heldenthaten,
Voller Geist und Herz und Kraft!
Alles, was sie thun und rathen,
Sey das Glück der Eidsgnoßschaft!
Ohne dich und ohne Tugend
Ist die Freyheit leerer Schein.
Präge, Vater! dies der Jugend,
Dies dem grauen Alter ein!

Nie sey Unrecht uns gelitten!
Liebe lach' aus jedem Blick!
Ach! den Strom der weichen Sitten,
Treib, o Herr, mit Macht zurück!
Laß das Herz sich nicht erheben!
Dehmuth ziere jeden Staat!
Fremden Gaben nachzustreben
Sey uns schwarzer Hochverrath!

Laß uns seyn ein Licht auf Erden,
Und ein Beyspiel stäter Treu;
Frey, wie wir sind, andre werden;
Und zertritt die Tyranney!
Gieb, daß alle sicher wohnen,
Bis die Zeit die Pforte schließt;
Bis aus allen Nationen
Eine nur geworden ist!

****

XXI. Lied des Schweizerliederdichters.

Genug hab ich dir nun gesungen,
Mein herzgeliebtes Vaterland!
Du hast mich zum Gesang gedungen,
Mein herzgeliebtes Vaterland!
Nun leg ich meine Leyer nieder,
Des allzuvielen Singens satt:
Genug, daß manches meiner Lieder
Doch dir nicht ganz mißfallen hat;
Genug, du lobtest mein Bestreben;
Das heißt genug belohnet seyn!
Genug; ich darf in meinem Leben,
Darf, sterbend auch, kein Lied bereun.

Lied des Schweizerliederdichters.

Ich sang der Väter Heldenthaten,
Sang Dapferkeit und Muth und Treu;
Ich sang vom Glücke freyer Staaten,
Zum Trutze dir, o Tyranney!
Ich führte meiner Zeiten Söhne
Zum Wetter mancher grossen Schlacht,
Zu mancher blutgefärbten Scene,
Wo Gott die Väter groß gemacht.
Ich sang von Freyheit und von Tugend,
Bald männlich, bald mit munterm Scherz;
Dem Alter sang ich und der Jugend
Den ächten Schweizersinn ins Herz.
Oft fühlt' ich meine Brust erhoben;
Bald war mir heiter und bald schwer;
Wie heiter! fand ich was zu loben;
Wie bange! — blickt' ich um mich her;
„Daß doch die goldne Zeit noch wäre;
„Da würde was zu singen seyn!"
Und manche Patriotenzähre
Quoll in den Strom des Lieds hinein.
Der Landesvater und der Lehrer,
Der Bürger und der Bau'r im Feld
Wie oft mir deuchte, war mein Hörer,
Und singt vielleicht nun sich zum Held! —
Vielleicht hab ich mit manchem Liede
Ein nahes Laster weggedroht;
Und mancher wird, der Trägheit müde,
Ein feuervoller Patriot.

Der

Der Vater und der Schweizerknabe
Spricht vielleicht nicht mehr, was er sprach,
Empfindt, was ich empfunden habe,
Und singt mir manches Liedchen nach.
Vielleicht, Paris, hat auch mein Lied
Dir manchen Jüngling weggesungen,
Der nun das Netz von ferne sieht,
Das du für Jünglinge geschlungen!
Der Leichtsinn darf so leicht sich nicht mehr un-
nütz machen,
Und läßt die Tugend sichrer gehn;
Und muß, darf er auch ihr noch lachen,
Doch leise sagen. „ Sie ist schön!"
Ich durfte manche Lehre wagen,
War oftmals, auch im Scherze, scharf:
In Reimen läßt sich alles sagen;
Auch das, was man kaum denken darf.
Oft gab der Anblick ferner Früchte
Mir Muth und Feuer zum Gedichte:
Ich sah die Erndte meiner Saat.
Mir scholl die sanfte Stimm' entgegen:
„ Sing fort; der singt nicht ohne Seegen,
„ Der zum Gesang um Seegen bat!"
Ich träumte manchen fernen Seegen,
Und sah auf blumenvollen Wegen
Siegglühend einen Schweizerheld,

Der flog mit freudenvollem Blicke
Und überströmend von Gesang
Ins menschenleere Land zurücke,
Den Heldenschweiß auf Stirn und Wang.
Er eilt, als eilt' er nach dem Ziel,
Stand plötzlich still, und eine Zähre fiel; —
Wohin? — hin auf mein Grab,
Im Schoos der heiligen Gemeine,
Der einst mich Gott zum Hirten gab,
Auf meine modernden Gebeine
Von seinem Heldenaug herab.
Hier staunt' er still und kniet'
Und dankte laut dem Herrn, und sang ein Sie-
       geslied.
Dort sah ich einen Jüngling feuervoll
Die Seele zum Gesang erheben,
Unschlüßig, was er singen soll,
Der Ewigkeit entgegen streben.
Die Wollust stand vor ihm mit der Trompete
Des Ruhms, und fleht' im Silberton
Ihn um ein Lied: „O sing auf deiner Flöte
„Schön wie Anakreon!"
Dem Jüngling schlug das Herz, und alle Glieder
Durchzittert sanft des Ruhmes Silberton;
Er weiht dem Ersten Kuß das erste seiner Lieder,
Stimmt an und singt, und träumt sich schon
Unsterblich, wie Anakreon.

         Doch

Lied des Schweizerliederdichters.

Doch ihm winkt, kaum er sang, mein Bändchen
    Schweizerlieder
Herab vom Bücherschrank;
Er staunt, — erröthet, — fühlt sich wieder,
Und löscht sein Liedchen aus, und singt zum Dank
Der Mutter Freyheit nun, — vor der die Wol-
    lust flieht,
Ein seelevolles Schweizerlied. —
Ich hört' in schwülen Erndtetagen
Ein Häufchen Schweizerbauern sagen:
„ Stimmt, Brüder, unser Liedchen an!"
Und Freud und unschuldvolles Scherzen
Quoll aus dem Mund und aus dem Herzen,
Je mehr sie sich ins Herze sahn. —
Ich sahe tausend stille Thränen
Des Jünglings — aus erhobner Brust,
Und sein aufblühend Heldensehnen,
Und seine Vaterlandeslust.
Auch Schweizermütter, Väter, Töchter,
Die giengen fern mein Aug vorbey;
Und unabsehliche Geschlechter
Voll froher Lust, voll Dankgeschrey!
Doch heller, schöner, als sie alle
Erblickt' ich, werthes Schinznach, dich,
Hier tönte manches Lied; vom lauten Widerhalle
Des vollen Chors erwachte ich. —

                             Gesetzt,

Gesetzt, dies seyn nur eitle Träume,
Sey alles süsser Dichterwahn;
Genug, daß mancher meiner Reime
Dem Vaterlande nützen kann.
Genug, dir, Tugend, sind die Lieder
Dir, Vaterland, sind sie geweiht!
Umsonst lacht hoch auf dich hernieder
Der Priester seiner Ueppigkeit!
Er lacht, und ich bewein' ihn wieder,
Und seines Ruhms Unsterblichkeit.
Ihr, denen reines Dichterfeuer
Der Himmel in die Herzen gab;
Warum strebt ihr mit eurer Leyer
Nicht himmelwärts, nur staubherab?
Der Adler, der zum Himmel fliegen
Und aus der Sonne trinken kann,
Sieht eines Schmetterlings Vergnügen
Und Würmer mit Verachtung an.
O Ihr, die Ihr Euch hoch auf Thronen
Als Richter jedes Geistes setzt,
Warum verschenkt Ihr eure Kronen
Nur dem, der Unschuld fein verletzt?
Warum belacht Ihr jeden Dichter,
Dem Tugend über alles gilt?
Was hilft das Lob der Schriftenrichter,
Wenn unser eigen Herz uns schilt?

Lied des Schweizerliederdichters.

Das, Bodmer, hast du mich gelehret,
Zu dieser Wahrheit will ich stehn,
Und wenn uns auch die Welt nicht höret;
„Nein! was nicht gut ist, ist nicht schön!"
Lacht laut, so viel ihr lachen wollet,
Ich singe mehr, als Lieb und Wein!
Verdammt mit lauter Stimme sollet
Ihr mir, ihr Wollustlieder seyn!
Und wenn ihr noch so zierlich klinget,
Und wenn die ganze Welt euch singet,
Und wenn ich eurer Verse Fluß
Und Bilder selbst bewundern muß.
Vernunft, du sollst das Urtheil sprechen!
Du, Tugend, ihr zur Seite stehn!
Mein Herze läßt sich nicht bestechen;
Nein! was nicht gut ist, ist nicht schön!
Nicht schön ists, das Gefühl zu lähmen,
Das uns so sanft zum Guten zwingt;
Vernunft und Tugend muß sich schämen,
Daß ein Unsterblicher euch singt!
Unsterblicher! zwar darfst du scherzen;
Und Lächeln ist oft deine Pflicht!
Allein gesunde Menschenherzen
Mit Gift behauchen darfst du nicht!
Schön ists, von Vaterland und Pflichten,
Schön, bey des Mondes Silberlicht,
Von Tugend und von Gott zu dichten!
Wer's nicht versucht hat, weiß es nicht.

        Drum,

Drum, Jünglinge! versucht die Stärke
Des jungen Geists in diesem Werke:
Wähl' jeder sich nur ein Gedicht!
Sucht nicht mit Angst Begeisterungen!
Denkt nur den alten Schweizern gleich;
So ist Unsterblichkeit ersungen;
So preist des Enkels Enkel Euch! —
O Heil euch feurigern Gesängen,
Die diese Erstlinge verdrängen;
Ihr bessern Söhne beßrer Zeit!
Euch jauchzt mein Lied den vollen Seegen
Des künftigen Geschlechts entgegen;
Euch wünscht mein Herz Unsterblichkeit!
Ihr sollt wie Honigbäche fließen,
Wenn uns der holde Frieden lacht;
Euch wie Gewitterstürm' ergießen,
Wenn die Trompete ruft zur Schlacht!
Das Schweizerknäbchen soll euch stammeln;
Euch singe täglich Frau und Mann,
Wenn Kinder sich um sie versammeln;
Euch stimme Greis und Enkel an!
Euch soll kein Sklaventadel schrecken;
Gönnt mir die Freud', Euch zu erwecken!
Strahlt wie die Morgenröth' hervor!
Mein Auge schaut; Es horcht mein Ohr
Entgegen Euch! — Nie stimm' ich wieder an!
Genug, daß ich mir sagen kann:
„Was ich gekonnt, hab ich gethan!" —

Er-

Erklärung

einiger Stellen und Ausdrücke aus den Schweizerliedern,

für ungelehrte und ausländische Leser.

Die poetische Sprache kann unmöglich für alle ungelehrte Leser durchaus verständlich seyn. Da nun manches dieser Schweizerlieder auch von Ungelehrten verstanden werden soll; so ist nöthig, diejenigen Stellen zu umschreiben, von denen ich theils gehört hatte, theils vermuthen konnte, daß sie ohne das nicht ganz verstanden würden.

Albrecht vor Zürich.

S. 8. Z. 19, 20.
„ Die Trommel tönte gut so laut
„ Als unter einem Bart."

Das Mädchen konnte die Trommel so gut rühren, wie ein männlicher Soldat.

S. 9. Z. 1, 2.
„ Leicht schien ihm selbst das Panzerjoch,
„ Dem Jüngling schwer genug."

Das

Das Mädchen trug den Panzer, der dem Jüngling schwer genug war, mit einer vorzüglichen Munterkeit.

Wilhelm Tell.

S. 12. zeile 2.
„ Lispelt ihm "
Sagt ihm leis ins Ohr.

Ebendaselbst l. 3.
„ Und weise, wie dein Vater, Herz! "
Erzeige dich, gleich deinem Vater, beherzt!

S. 14. l. 9, 10.
„ Der nach ihm kömmt, im Auge Zorn,
„ Verwirrung im Gehirn "
Der Landvogt kam ihm, Tellen, nach, mit zornigem Blick und voll Verwirrung im Kopf.

Ebendaselbst l. 11.
„ Dorn " — Dornbusch, Gesträuch.

zeile 15, 16.
„ Und hört des Vaterlandes Flehn,
„ Denkt seinen Sohn, — und spannt "
Tell kann den stillen Seufzern so vieler unterdrückten Landesleute nach, und der ungerechten Zumuthung des Landvogts in Ansehung des Apfels auf dem Kopf seines Sohnes; und fand es nicht ungerecht einen solchen Wütrich, wie Geßler war, aus dem Wege zu räumen.

Der Schweizerbund.

S. 17. l. 1.
„ Sey ewig heilig Schweizerbund! "

Erklärung einiger Stellen.

Sey uns allezeit in werthem Andenken, als ein heiliges von Gott begünstigtes Unternehmen:

Ebendaselbst J. 3, 4.
„Heil schwur uns dapfrer Väter Mund;
„Heil gab uns ihre Treu!"

Unsre Väter schwuren, zum Beßten ihrer Nachkommen alles mögliche beyzutragen; und sie waren wirklich so redlich, dies heilsame Unternehmen auszuführen.

S. 18. J. 17, 18.
„Auch weint das künftige Geschlecht
„Laut in der Helden Ohr."

Die drey Eidsgenossen hörten gleichsam die noch nicht gebornen künftigen Kinder unter dem Joch der Thranney seufzen.

S. 19. J. 1, 2.
„Die stille felsigte Natur
„Sah sie auf ihrem Knie."

Um sie her war alles still; und die nahen Felsen waren gleichsam Zeugen ihres Eidschwures und ihres Gebethes vor Gott.

Die Schlacht bey Morgarten.

S. 22. J. 19, 20.
„Doch siegesvoll, denn jeder schwur
„Der Freyheit auf dem Knie."

Sie waren hoffnungsvoll zu siegen; denn jeder schwur, mit gebognem Knie, zu siegen oder zu sterben.

S. 23. J. 15.
„Dem Feind, von Felsen eingethan."

Erklärung einiger Stellen.

Der feindlichen Armee, die in einem engen Paß zwischen Felsen lag.

S. 24. z. 3, 4.
„Wenn Freyheit Blut und Arm erhizt,
Deckt Heldenmuth die Brust."

Wer das Glück der Freyheit fühlt, und durch dies Gefühl erwärmet wird, der ist auch ohne Harnisch, so heldenmüthig als der, der mit einem Panzer bekleidet ist.

Ebendaselbst, z. 22.
strobeln: kochen, sieden.

S. 25. z. 2.
„Ein neuer Hagel tetscht"
Eine neue Menge von Steinen prellte plötzlich an.

Ebendas. z. 11, 12.
„ — — und legt
„Gestreckt die Reuterey"
Und schlägt die Reuterey auf den Boden nieder.

Die großmüthigen Belagerten.

S. 28. z. 3, 4.
„Doch unbesiegte Menschlichkeit
Unendlich höher noch"

Mitleiden und Menschlichkeit, die sich auch durch Feindseligkeiten anderer nicht unterdrücken läßt, ist viel mehr werth, als die heldenmäßigste Dapferkeit.

Ebendaselbst z. 16.
„Dem König Ludwig hold."
Die Stadt, die dem König Ludwig zugethan, ergeben war.

Erklärung einiger Stellen.

Die Schlacht bey Laupen.

S. 32. z. 3, 4. im Lied.
„ So strömt von Erlach Dapferkeit
„ Und Siegslust um sich her."

Mit diesen Worten verbreitete von Erlach Muth, und flöste seinen Leuten die Begierde nach dem Sieg ein.

S. 33. z. 11.
„ Und Felsenstirn"

Mit felsenharter, unbeweglicher Stirn.

Ebendaselbst z. 22.
Reisigen, bepanzerte Reuter.

S. 34. zeile 4.
Morgenstern, eine zackigte schwere Keule. Sie hiessen so, weil einige von glänzendem Erz oben sternförmig waren.

Ebendaselbst z. 20.
„ Verewigt diese Nacht"

Haltet Euch so dapfer in dieser Nacht, daß man in allen künftigen Zeiten von dieser Nacht sage.

S. 35. z. 17.
„ Von Erlach drang, im Auge Sieg, "

Man sah es ihm an den Augen an, daß er siegen würde.

Ebendaselbst z. 21, 22.
„ Von Freyheit und von Vaterland
„ Glüht Stirne, Wang' und Blick!"

Man sah die Liebe zur Freyheit und zum Vaterland aus allen seinen, gleichsam glühenden Gesichtszügen.

S. 37. z. 5 — 8.

„ Der stille Mond am Himmel sah
„ Dem warmen Eifer zu,
„ Und lächelt jedem, den er sah,
„ Ins Herz erhabne Ruh."

Der Mond war gleichsam ein Zeug von dem Eifer, mit dem die Eidsgenossen ihren überwundenen Feinden noch aufzuhelfen suchten, und der stille Mondschein machte den Helfenden viel Vergnügen.

S. 38. z. 11, 12.

Unsterblich sey
„ Held, deine Heldenheit"

Deine heldenmäßige Dapferkeit werde auch noch in den spätesten Zeiten verehrt und nachgeahmt.

Die Schlacht bey Sempach.

S. 42. z. 5 — 8.

„ Sahst in der Flamme des Gefechts
„ Die Thränen in der Stadt,
„ Die Thränen künftigen Geschlechts,
„ Das laut um Freyheit bat"

Du, Winkelried, sahst mitten in der Hitze des Gefechtes, gleichsam die Thränen, die in dem Städtchen Sempach vergossen wurden; sahest auch die Thränen des zukünftigen Geschlechtes; stelltest dir vor, daß auch die Kinder in Mutterleib gleichsam seufzten, daß sie doch frey bleiben mögten.

Die Schlacht bey Näffels.

S. 46. z. 24.

„ Rauche war ihr Blick"

Ihre Augen zeigten, daß sie sich an ihren Feinden rächen wollten.

Die Schlacht bey St. Jacob zu Basel.

S. 50. z. 3, 4.

„ Sie trutzten gleich den Alpenhöhn
„ Dem Donner in der Schlacht"

Eben so unbeweglich, wie hohe Alpen bey einem Wetter sind, so unbeweglich waren die Schweizer in der Schlacht.

S. 51. z. 23, 24.

„ Denn todblaß rief die Dapferkeit
„ Dem Mönchen: bad auch hier. "

Ein todblasser dapferer Soldat, der einen auf dem Kirchhof herumreitenden Mönchen über die Schweizer spotten hörte: „ heut baden wir in Rosen" stand auf, und warf ihn mit einem Stein vom Pferd herunter.

Die Schlacht bey Granson.

S. 53. z. 1, 2. im Lied.

„ Ergrimmt die Wafen in der Hand „
(haltend)
„ Voll Fluch den frechen Mund

Voll Lästerworte, die sein frecher Mund ausstieß.

Der Schwabenkrieg.

S. 79. z. 5, 6.

„ Sie kam mit neuem Ungestümm
„ Siegträumend an den Rhein „

Die Uebermacht, die noch übriggebliebne zahlreiche Macht des geschlagenen Feindes kam in der Hofnung, zu siegen, zurück an den Rhein.

S. 80. z. 13.

„Der Schwabe schnaubt umsonst nach Sieg„
Es war umsonst, daß die Schwaben so sehr erhizt waren, auch einmal zu siegen.

S. 83. z. 15, 16.

„Verzweiflung drang
„Durch Panzer, Helm und Schild„
Weder Panzer, noch Helm und Schilde konnten verwehren, daß der Feind nicht in die größte hofnungsloseste Verlegenheit gerieth.

Gemeindsgenößisches Lied.

S. 86. z. 15.

„Heilig, Brüder, sey die Stätte!„
Laßt uns die Stelle nie ohne Ehrfurcht ansehen.

Lied einer Schweizerischen Obrigkeit.

S. 93. z. 16.

„Und ihnen leihen Palm und Schwert„
Palmen sind ein Sinnbild der Belohnung, das Schwert, ein Sinnbild der Strafe. Wenn eine Nation gewissen Menschen aus ihrer Mitte die Macht und das Recht anvertraut, das Unrecht zu strafen und die Tugend zu belohnen, so kann man sagen: sie leihe ihnen Palm und Schwert.

S. 94. z. 7.

Carossen, Kutschen.

Erklärung einiger Stellen.

S. 96. z. 21.
„ Waisenlieder. „
Wenn getröstete und errettete Waisen Danklieder singen.

Lied einer glücklichen Republick.

S. 98. z. 1, 2.
„ Treu und Hülfsbegier und Freude
„ Stehn in ewigem Vertrag „
Alle Mitglieder der glücklichen Republick haben sich unter einander auf ewig verbunden, einander treu zu seyn, einander zu helfen, und sich einer über den andern zu freuen.

Ebendaselbst. z. 9, 10.
„ Riegel sind der Macht gestossen,
„ Freyheit hält die Wage fest „
Es ist eine solche Einrichtung gemacht, daß niemals ein Theil der Bürger über den andern zu mächtig werden kann. Weil Alle gewisse Freyheiten haben, so kann das Gleichgewicht, die Gleichheit der Macht nicht wol verrückt werden. Die Macht muß immer so vertheilt bleiben, daß keiner sie zum Schaden des andern misbrauchen kann.

Ebendaselbst z. 19.
„ Sie, die lebenden Gesetze „
Die Landesväter sind den Gesetzen so gehorsam, daß man nur sie ansehen darf, um zu wissen, was die Gesetze verlangen.

S. 99. z. 1, 2.
„ Und aus diesem (Schoose) quillet Leben,
„ Haucht die Seuche Tod uns ein. „

Bey allgemein herrschenden Krankheiten machen die Landesväter Anstalten, daß die kranken Bürger wol besorget, und beym Leben erhalten werden.

Ebendaselbst. z. 6.

„ Wahrheit strömt von Kanzeln aus „

Auf der Kanzel wird nichts als reine evangelische Wahrheit gelehrt. Die Kanzel ist gleichsam ein Quell, woraus in reichem Maaß heilsame Wahrheiten fliessen.

Ebendas. z. 13, 14.

„ Muthbeseelende Gebräuche
„ Wecken jede Geisteskraft „

Es sind solche Gebräuche eingeführt, wodurch Fleiß und Tugend ermuntert und jede Fähigkeit des Geistes aufgeweckt wird.

Ebend. z. 22.

„ Ausgefeilte Lüsternheit „

Allzudelicates, zärtliches Gelüsteln nach allem, was den Sinnen angenehm ist.

S. 100. z. 1, 2.

„ Goldbedeckte Königsknechte!
„ Stralt des Thrones Glanz zurück. „

Glänzt voll Gold und Silber, wie der König auf dem Thron, ihr ersten Minister in Königreichen! Ihr seyd doch nicht so glücklich, nicht so freye Menschen, wie wir.

Lied für Schweizerbauern.

S. 102. z. 20.

Mutten, hölzerne Milchgefässe.

Lied

Erklärung einiger Stellen.

Lied für Schweizer, die sich in den Wafen üben.

S. 105. Z. 13.

„ Glut war sein Aug „
Sein Aug funkelte vor Begierde zu siegen.

S. 106. Z. 13, 15.

„ Ihr Fuß zertrat = = =
„ Helme Blumen gleich „
So leicht sich Blumen zertretten lassen, so leicht zertraten die Schweizer die abgeschlagenen Helme ihrer Feinde.

S. 109. Z. 1, 2.

„ Stehn, wenn er vor dem Donnersturm
„ Weit flieht „
Wir, die wir uns in Friedenszeit in den Wafen geübt haben, stehn fest in der Schlacht, wenn er, der feig im Friedensschatten sitzt, beym ersten Kanonendonner flieht.

Lied für Schweizerknaben.

S. 110. Z. 7.

„ Klatscht uns Schwestern! „
Bezeuget uns mit Händeklatschen euern Beyfall.

Ebendaselbst. Z. 13, 14.

„ O wie hat nach jenen Tagen
„ Unser junges Herz geschlagen „ u. s. w.
O wie oft wünschten wir sehnlich, in jenen Tagen gelebt zu haben, wo so grosse Thaten, (die ihr
uns

uns frühe erzählter) geschahen: wir fühlten in uns eben den Muth, für das Vaterland zu kämpfen, als ob unsre Stirn und unsre Brust von Stahl, als wenn sie unverletzlich wären.

S. 111. am End.

Zäppeln, heißt hier auf eine zärtliche affectirte Weise gehen.

Lied für Schweizermädchen.

S. 113. §. 23.

Jalousieen, ein Vordach, oder Flor, zur Beschirmung der Augen vor den Sonnenstralen.

S. 114. §. 1.

Liqueurs, delicate Getränke.

Ebendaselbst. §. 24.

Zischen, Fließmen.

S. 116. §. 5.

Edeln, Adelichen, Vornehmen, bloß um deswillen, weil sie adelich sind.

Neue Zugabe
zu den Schweizerliedern.
1775.

I. Die Natur im Schweizerland.

Mein schön gebautes Vaterland!
    Wie seegn' ich dankbar dich!
Die alles baut, Gottes Hand,
    Sie baut' es auch für mich!

Wie herrlich, herrlich, herrlich schön
    Herr Gott, ist deine Welt!
Wie ewig deine Berge stehn,
    Wo du sie hingestellt!

Gedank' „Ich bin gebohren hier!"
    Du giebst mir Kraft und Muth!
Dieß Vaterland ist Adel mir,
    Mir Quell von Heldenblut.

Wie sich mein Herz in Leibe dehnt
    Auf dieser Berge Höh'n!
Wie's von dem Thal empor sich sehnt
    Ins Thal hinabzusehn!

Leg'

Die Natur im Schweizerland.

Leg' ich nach heißer Arbeit mich
  Ins Tannengrün und ruh',
Wie strömen Lobgesäng' an dich,
  Gott, meiner Seele zu!

Wer hat ein Menschen-Herz und kann
  Hier unempfindlich seyn!
Wie muß der freye Biedermann
  Der Freyheit hier sich freun!

Welch Land ist diesem Lande gleich?
  So ganz für uns gemacht!
So fruchtbar und so quellenreich,
  So voll von Gottes Pracht!

Altäre Gottes sollt ihr seyn,
  Altäre voll von Lob!
Ihr Schneegebürg', ihr Alpenreihn,
  Die Gottes Hand erhob!

Nie schau des Schweizers Aug euch an;
  Sein Herz sey Lobgesang!
Und wer die Sänte rühren kann,
  Deß Sänte singe Dank!

Ja, freyer Schweizer jeden Tag
  Freu dich dein Vaterland!
Und Frembling, schau, was sie vermag
  Des Fleißes freye Hand!

Die Natur im Schweizerland.

Natur — Du athmest Freyheitsinn
    In Aug und Mund und Brust!
Bist täglich uns, Natur, Gewinn,
    Und täglich neue Lust!

Die majestätische Natur
    Würkt edle Leidenschaft!
Nicht Wunsch nach grossen Thaten nur,
    Zu Thaten Helden=Kraft

Die Welt, die Helden einst gezeugt,
    Wo Fuß der Helden stand,
Die Welt, der Helden sich gebeugt,
    Die Helden überwand; —

Die kleine Bergbegränzte Welt,
    Von grossen Thaten voll,
Wie ruft sie jedem, daß er Held,
    Held werden kann, und soll!

Und ich, ich sollte Thatenlos
    Entsterben einem Land,
Wo in der Freyheit weitem Schoos,
    Wer suchte, Tugend fand?

II. Das Rüsthaus.

Das Herz im Leibe thut mir weh
Wenn ich der Väter Rüstung seh:
Ich seh zugleich mit nassem Blick
In unsrer Väter Zeit zurück!

Ich greiffe gleich nach Schwerdt und Speer,
Doch Speer und Schwerdt sind mir zu schwer,
Ich lege traurig, ungespannt
Den Bogen aus der schwachen Hand.

Des Panzers und des Helmes Last,
Der Schild, den ihre Hand gefaßt,
Des breiten Beiles langer Schaft
Zeugt von der Väter Riesen-Kraft.

Geschwenkt von eines Helden Arm
Hat dieses Panner manchen Schwarm
Der stolzen Feind', in mancher Schlacht
Wie scheues Wildpret weggejagt.

Sie flohn und warfen aus der Faust
Die Fahnen, vom Gewühl zerzaußt;
Die sammelte des Siegers Hand
Und hieng sie auf an diese Wand.

Das Rüfthaus.

Viel andre Beute hänget noch
Und zeugt vom abgeworfnen Joch,
Von der Burgunder Heeres-Macht
Und Uebermuth, und eitler Pracht.

Mit diesen Stricken wolten sie
Der Schweizer Hände binden früh,
Und eh die Sonne sank ins Thal
Beschien sie noch der Stolzen Fall!

So focht der Väter Helden-Muth,
Es floß für uns ihr theures Blut!
Sie sind des Enkel Dankes werth,
Wohl dem, der sie durch Thaten ehrt!

Fr. v. St.

✦✦✦✦ ✦✦✦✦✦✦ : ✦ : ✦✦✦✦✦✦✦✦

III. Die Trümmer.

Hier siehst du eines Zwingherrn Haus,
Gestürzt in Moder und in Graus,
Der Uhu hauset drinnen!
Auf dieser Städte ruht sein Fluch,
Hier sprach er manchen feilen Spruch,
Ließ Blut und Thränen rinnen!

Er

Die Trümmer

Er hat in mancher Taumel-Nacht
Den Raub des Tages durchgebracht,
Geschmauset bis es tagte!
Des Abends stand einmal allhier
Vor seines Schlosses stolzer Thür,
Ein armes Weib und klagte:

„ Der Herr ist Gott! der Herr ist Gott!
„ Er hört des stolzen Frevlers Spott,
„ Und hört der Wittwe Klage!
„ Er wog den Dränger und das Land;
„ Die Himmel sahn — in Gottes Hand
„ Die fürchterliche Waage!"

Ein Gottgesandter Schauer schleicht,
Da seine leichte Schale steigt,
Durch des Tyrannen Glieder!
Ihm fällt der Becher aus der Faust.
Da's bang in seinen Ohren saußt!
Getroffen stürzt er nieder!

Die Rache Gottes eilte schnell,
Sie rüstete den grossen Tell
Das Vaterland zu retten;
Die Dränger fielen! dieses Schloß
In Schutt versenkt, bedeckt mit Moos
Zeugt von zerbrochnen Ketten!

Fr. v. St.

IV. Schweizerisches Hochzeit-Lied.

Des ganzen Dorfes frohe Schaar
Führt dort vom heiligen Altar
Ein nun vermähltes Ehepaar;
Sieh, wie die Freude feyerlich
Des Mannes Haupt erhöhet!
Sieh, wie verschämt und jungfräulich
Die junge Gattin gehet!

Der Greise Blick verjüngert sich,
Die Knaben hüpfen freudiglich
Die Mägdlein flüstern unter sich,
Die Eltern halten nicht zurück,
Die Freude dieser Stunde,
Sie strömt aus ihrem nassen Blick,
Sie spricht aus ihrem Munde!

So manches Weib, die ihrem Mann,
Von ganzem Herzen zugethan,
Sieht ihn mit sanfter Rührung an,
Sie mahnt ihn an den frohen Tag
Der ihren Bund geschlossen,
Er sinnt mit ihr den Freuden nach
Die diesem Tag entflossen!

Schweizerisches Hochzeit-Lied.

Ihr liebe Beyde freuet euch!
Es sey kein Glück dem Euren gleich!
An wackern Kindern werdet reich!
An Söhnen bieder und voll Muth!
Nach alter Schweizer Sitte!
An Töchtern sanft und keusch und gut,
Die Zierde Eurer Hütte!

O glückliches und theures Paar!
Du wirst noch lang, noch manches Jahr,
Bedeckt mit schönem Silber-Haar,
Den späten Enkeln Muster seyn
Von keuscher Ehe Seegen,
Sie werden einst wie ihr, sich freun,
Und gehn in euren Wegen.

Fr. v. St.

V. Tells Geburts-Ort.

Sieh diese heilige Kapell!
Hier ward gebohren Wilhelm Tell!
Hier wo der Altar Gottes steht,
Stand seiner Eltern Ehebett!

Tells Geburts-Ort.

Mit Mutter-Freuden freute sich,
Die liebe Mutter inniglich,
Gedachte nicht an ihren Schmerz
Und hielt den Knaben an ihr Herz;

Sie sprach zu Gott: Er sey dein Knecht,
Sey stark und muthig und gerecht!
Gott aber dacht: Ich thue mehr
Durch ihn als durch ein ganzes Heer.

Er gab dem Knaben warmes Blut,
Des Rosses Krgst, des Adlers Muth,
Im Felsen-Nacken freyen Sinn,
Des Falken Aug und Feuer drinn!

Dem Worte sein und der Natur
Vertraute Gott das Knäblein nur,
Wo sich der Felsenstrom ergeußt
Erhub sich früh sein Helden-Geist.

Er wußte nicht, daß seine Hand
Durch Gott gestärkt, sein Vaterland
Erretten würde von der Schmach
Der Knechtschaft, deren Joch er brach.

Das Ruder und die Gemsenjagd
Hat seine Glieder stark gemacht!
Er scherzte früh mit der Gefahr,
Und wußte nicht wie groß er war!

Fr v. St.

VI. Zuruf des Schweizerliederdichters an sein Vaterland.

Noch einmal, Vaterland, du meiner Freuden
    Freude,
Erheb' ich meine Stimm, und klage, was ich
    leide!
Was, eh die Sonne stralt, — mein Geist oft
    stille denkt,
Was, wann sie untergeht, mein banges Herz oft
    kränkt!
Was in der Mitternacht mein Aug zu Thränen
    wecket,
Was mich bey Tage quält, was mich in Träu-
    men schrecket!
Vernimm o Vaterland, mein Ruhm und meine
    Lust!
Der Wahrheit Stimme noch aus einer bangen
    Brust.
Ach! Sinken! seh' ich dich — seh' deine Hoheit
    fallen.
O könnt allhörbar noch in dir mein Ruf erschallen:
Mein Ruf: Sey was du warst! —(wenn nicht
    die Wahrheit spricht,

Nicht

Nicht Wahrheit, die du fühlst, so achte meiner
nicht!)
Sey, was du seyn kannst! Sey's! — Nicht
Schein, nur Seyn macht Freuden,
Die keine Wolke trübt, die ewig nie verleiden!

* * * * * *

Die Hoheit der Natur, die ernste Majestät,
In der, Helvetier, dein Fuß, wie fühllos.. geht..
Das quellenvolle Thal! Belebt und allbelebend!
Die Berge, Hüttenreich! die Felsen Himmel-
strebend!
Die Felder voller Brod — die Wiesen voller
Kraft!...
Ist dieß ein Anblick nicht, der täglich Freud' er-
schaft?
Und ach, wer fühlt dieß mehr? wer ist's, der's
ahnd und merke?
Wir stehn am Quell der Kraft und schöpfen keine
Stärke!
Die Kunst der Weichlichkeit zerstampfet jede Spur
Von reinem Schweizersinn, von Würde, von
Natur.
Wo ist die alte Kraft? Wo ist das unentnerfte,
Das knochigte Geschlecht? Wo — eine Helden-
schaar?

Wo ist der starke Sinn, den Noth und Freyheit
  schärfte?
Wo Mann und Männin noch — wo Held und
  Heldinn war?
Der Mann ist Jüngling nur, der Jüngling kaum
  ein Knabe.
Wo ist die Sehne noch, die Muth und Stahl-
  kraft habe?
Wer schaut die Schwerter an, vom Helden-Arm
  geführt,
Dem Thränen nicht ins Aug Gefühl der Schwäche
  führt?
Wo ist die starke Hand? Wo sind die Felsenstirnen?
(Von Schwäche kommt nicht Kraft — und Hel-
  den nicht von Dirnen!
Unseeliges Geschwäz! Verdammte Schreiberey!
Wo Thaten nöthig sind — Statt Thaten —
  Heuchelen!)
Wo ist der edle Geist, der schaffet früh und späte,
Und eh' er müßig gieng, eh' er was Kleines thäte...
Nicht schlief, nicht äß' und tränk' und Gold mit
  Füßen träte?
O Vaterland, o Schweiz... Vergiß nicht, was du
  warst,
Da Helden du erzogst und Helden nur gebarst!

* * * *

Denk an die goldne Zeit, denk an die bessern Väter!

In

In Sitten schlecht und recht, nicht stolz auf Gold
 und Stahl,
Nur stolz auf Recht und Gott, auch bey der klein-
 sten Zahl...
So waren Sieger sie und so der Freyheit Retter!
Vereint in einen Strom; voll Dehmuth und doch
 kühn,
Zum Siege nur gestählt, verführbar nie zum
 Fliehn!
Wo ist noch Spur von dem, was alte Schriften
 melden?..
Wer von den Schweizern sprach, der sprach von
 lauter Helden.
So furchtbar, wie der Rhein, wo er von Felsen
 stürzt,
Wo seines Donners Sturm uns Stimm und
 Odem kürzt!
So vollgedrängt, so hehr, — war in dem Noth-
 gedränge
Die klein belachte Schaar — von stolzer Feinde
 Menge!
Ich will nicht, Vaterland: — Sey gleich der
 Krieger-Schaar,
So trotzig, roh und wild, wie's jene Vorzeit war.
Ich will nur, Blöde nicht — nicht Säuglinge,
 nicht Knaben,
Will Männer, Männer auch zu meinen Brüdern
 haben —

Ich will die Einfalt nicht, die Stärke jener Zeit —
Doch minder will ich noch Franzosenweichlichkeit!
Ich will nicht — daß du nur, o Jüngling, säst
    und pflügest,
Bey hartem Feldwerk dich, am Kampfe nur ver-
    gnügest —
Doch minder noch will ich, daß dumme Tändeley
Dein tägliches Gesuch, dir Spiel und Arbeit sey!
Ich will nicht, daß du dumm der Wissenschaften
    lachest;
Doch minder noch will ich, daß du nur Weiser
    seyst,
Und dich zum Leser nur, zum Schriftenrichter
    machest.
Hast du nicht Hand und Herz, so gut als Kopf
    und Geist?
Ich will nicht, daß du nicht den Cörper edel tragest,
Mit roher Stimme sprechst, und nichts Gemeines
    sagest;
Doch minder noch will ich, — daß alle deine Zeit
Dem Tanze nur gehör' und nur der Ueppigkeit —
Mußt, kannst du Held nicht seyn, so sey doch kein
    Castrat,
Der statt der Federkraft, nur Weiberstimme hat!
Helvetier nicht mehr im rohen Zwillich-Kleide —
Kannst du nicht anders gehn als nur in Sammt
    und Seide?
Helvetier, du bist kein Sklave — bist kein Fürst;
                 Doch

Doch mehr als Sklave noch, wenn du das Mark
 verlierst;
Und mehr noch als ein Fürst, der glücklichste auf
 Erden! —
Willst du seyn was du kannst, und was du wa-
 rest werden —
Noch stehst du, wankest zwar! — Wenn dich nicht
 Tugend hält —
Wer stolz im Wanken spricht: „Ich falle nicht,"
 der fällt!
Hör's Vaterland! Vernehmt's ihr sinkende Ge-
 schlechter!
Seyd Väter Jünglinge! und Mütter, o ihr Töchter!
Laßt Arbeit keine Last, laßt Fleiß euch Wollust
 seyn,
Und lernet Müßiggang, als wie die Hölle scheun!
Durch Thaten, Thaten nur wird Eure Freyheit
 grösser!
Und Arbeit schüzt Euch mehr, als Fels und Fel-
 senschlösser!
Verachtet jede Lust, die Thränen nach sich zieht!
Und flieht vor jeder That, die Licht und Wahr-
 heit flieht!
Laßt keine Weichlichkeit auf steilem Pfad euch
 hindern!
Seyd Beyspiel aller Welt, erst Beyspiel Euren
 Kindern!

Schränkt das Bedürfniß ein! Seyd in Euch selber
   stark,
Und pflanzt in eure Söhn' ein neubelebend Mark!
Laßt Schwierigkeiten nie den Muth zur That zer-
   stöhren,
Laßt Glut der Wollust nicht die Nerven Euch
   verzehren!
Du sollst kein Engel seyn — doch minder noch
   ein Thier!
Auf Tugend ziele nur mit deiner Wißbegier!
Der Dehmuth neige dich, Verachtung gieb dem
   Frechen,
Der Treue Dummheit nennt, und Freyheitsinn
   Verbrechen;
Lachst du der Redlichkeit.. Sprichst du der Ein-
   falt Hohn —
So ist auf ewig dir dein wahres Glück entflohn!
Verabscheu Eigennutz, den Gift, den Tod der
   Herzen,
Der Freyheit und der Ruh', den Quell von tau-
   send Schmerzen;
Der Herz von Herzen reißt, und Zank und Lü-
   gen zeugt,
Die Wittwe seufzen macht, des Nachbars Rechte
   beugt!
Behalte was du hast, und suche nie zu rauben!
Man dürf' an deine Treu, wie Gottes Treue
   glauben!

So

So viel du Ohren haſt, mit ſo viel Stimmen rief'
Ich gern o Vaterland in alle Seelen tief —
Was alle Dichter dir, was alle Lehrer riefen,
Die Lieder dir noch weyhn, und die, die längſt
 entſchliefen:
„ Seyd eins, ſo ſeyd ihr groß! Seyd eins,
 ſo bleibt ihr frey!
„ Nichts, (bleibt ihr ungetrennt,) iſt, das euch
 furchtbar ſey!
„ Seyd ewig eine Fauſt — und wie vor Unge-
 wittern,
„ Wird auch die gröſte Macht vor Eurer Gröſſe
 zittern!
„ Seyd uneins einen Tag! und weg iſt alle Macht!
„ Ich ſehe ſchon den Feind, der Eurer Kleinheit
 lacht!
„ Seyd ewig nur ein Herz — ach! trenntet ihr
 euch heute;
„ Noch einmal! Morgen ſchon ſeyd ihr der Für-
 ſten Beute!"

✱ ✱ ✱ ✱ ✱ ✱

O Vaterland erwach! O werde was du kannſt!
Wenn du dich ſelber fühlſt und fremdes Gift ver-
 bannſt.
O Vaterland erwach — du Lieblingsſtätte Gottes!
Sonſt wirſt du elend bald und bald ein Ziel des
 Spottes!

Die

Die Noth, die andre drückt (sie waren frey wie du!)
Die eilt, fliehst du von Gott, wie Adler auf dich zu!
O Vater sag's dem Sohn, o Sohn vernimm und
  höre
Des Vaters Weisheit an, und folge seiner Lehre!
O Mutter sag es sanft der Tochter, wenn sie dir
Am Arm steht, wenn sie still arbeitet, sag' es ihr:
„ Der Tugend Ernst zeugt Lust; und Uebung
  Muth und Kräfte;
„ Der Müßiggang bringt Pein; und Seegen die
  Geschäfte!
„ Kein Herz kann glücklich seyn, als wenn es Gu-
  tes schafft,
„ Wer redlich Tugend will, der hat zur Tugend
  Kraft.
„ O Jüngling ruf's dem Freund hinein in seine
  Seele —
„ Sey Beyspiel, Beyspiel mir und Warnung eh
  ich fehle!
„ Vereine Herz mit mir und schlage Hand in
  Hand;
„ Und unser dritte Freund sey unser Vaterland!"

            ✶ ✶ ✶ ✶ ✶

O Braut, o Bräutigam! Wenn ihr die Händ'
  Euch drücket,
So sagt's, so fühlt's, daß nichts — wie Gottes-
  furcht beglücket,

                                    Daß

Daß Tugend Weisheit ist, und Einfalt Freuden
 bringt,
Die keine Wollust-Kunst aus Ueppigkeit erzwingt!
O Lehrer, Dichter sag's; o Beyspiel aller, lehre —
„ Die Tugend nur macht frey — Nur sie ist Glück
 und Ehre!
„ Nur sie hat alles das — was Thor und Wei-
 ser liebt,
„ Nur sie ist's, die uns mehr, als wir uns wün-
 schen, giebt."

www.ingramcontent.com/pod-product-compliance
Lightning Source LLC
Chambersburg PA
CBHW032148160426
43197CB00008B/825